53 TOP TOOLS FOR COACHING

A Complete Toolkit for Developing and Empowering People

教练技术的
53个
·第5版·
顶级工具

[英]吉莉安·琼斯　[英]罗·戈雷尔　著
（Gillian Jones）　　（Ro Gorell）

傅婧瑛　译

人民邮电出版社
北　京

图书在版编目（CIP）数据

教练技术的53个顶级工具 ：第5版 /（英）吉莉安·
琼斯（Gillian Jones），（英）罗·戈雷尔（Ro Gorell）
著 ；傅婧瑛译. -- 北京 ：人民邮电出版社，2024.9
（教练技术经典译丛）
ISBN 978-7-115-63102-2

Ⅰ．①教… Ⅱ．①吉… ②罗… ③傅… Ⅲ．①企业管
理—职工培训 Ⅳ．①F272.92

中国国家版本馆CIP数据核字(2023)第214780号

内 容 提 要

对很多读者来说，"教练"一词并不陌生，体育界的教练一般人都知道，但是人力资源管理中的"教练"一词，很多人或许还比较陌生。从本质上来说，人力资源管理中的教练，其作用就是帮助接受指导的人更好地工作与生活。

本书并不是一本讲述有关教练理论知识的图书，而是面向有志于成为教练或者已经开始从事相关工作人士的一本工具书。书中提及的工具均是作者和其他拥有丰富教练经验的人士总结大量实践经验得到的成果。本书从介绍如何确立教练受训关系开始，依次介绍了如何指导对方解决现实中的问题、如何帮助接受指导的人做好未来规划，并且提供了大量可以立刻投入使用的实用工具。本书通过浅显易懂的描述和条理分明、结构化的阐释，使读者无论是否具备教练工作的经验及其理论知识，都能迅速将相关内容应用于实践。

本书适合从事教练工作的人士阅读，也可以为企业员工的培训提供参考。当然，任何对教练工作感兴趣的读者也可以通过本书了解相关信息。

◆ 著 ［英］吉莉安·琼斯（Gillian Jones）
　　　　［英］罗·戈雷尔（Ro Gorell）
　　译 傅婧瑛
　　责任编辑 姜 珊
　　责任印制 彭志环
◆ 人民邮电出版社出版发行　　　北京市丰台区成寿寺路 11 号
　　邮编 100164　电子邮件 315@ptpress.com.cn
　　网址 https://www.ptpress.com.cn
　　北京九州迅驰传媒文化有限公司印刷
◆ 开本：720×960　1/16
　　印张：17　　　　　　　　　　　2024 年 9 月第 1 版
　　字数：300 千字　　　　　　　　2025 年 10 月北京第 3 次印刷
　　著作权合同登记号　图字：01-2022-4266 号

定　价：69.80 元
读者服务热线：（010）81055656　印装质量热线：（010）81055316
反盗版热线：（010）81055315

这本书献给劳伦斯和艾莉，他们就是我认真生活每一天的原因！

吉莉安

我想把这本书献给我爸爸，他总是鼓励我"去追逐"。

我还要把这本书献给我的丈夫莱斯扎德，感谢他永远支持我。

罗

本书所获赞誉

教练技术的悖论在于，伟大的教练拥有大量工具，但他们却谨慎地使用少量的工具。在你可以摆脱对工具和方法的依赖前，你首先必须掌握大量工具，使自己充满信心，知道需要时能够使用这些工具。本书就能在这样的旅程中帮助你。

大卫·克拉特巴克（David Clutterbuck）
谢菲尔德·哈勒姆大学、牛津布鲁克斯大学客座教授

这是教练实践必备的一本书。本书将为你提供解决做教练过程中遇到的绝大多数问题的工具，而本书简单易懂的内容，不论对经验丰富的从业人员还是那些刚刚进入教练行业的人都颇有吸引力。随着多元化和包容性成为 21 世纪大多数行业的核心特点，书中讲解的执教女性和团队的教练方法，不仅紧跟热点，而且极具价值。

约翰·阿萨纳西奥（John Attanasio）
哈珀·柯林斯出版社人力主管

不管你是有经验的教练还是新教练，或者是想要更好地执教团队成员的管理人员，这本书都能提供大量的实用方法。

安吉拉·萨宾（Angela Sabin）
"人生教练"首席教练

不管你是有经验的教练，还是刚刚了解教练行业的人，这本书都是非常好的资源库，其中包含大量涵盖了各种主题与不同情况的实用方法。书中讲解的工具可以帮助你轻松地适应不同的执教情况，这些工具在你准备教练时非常有用。我真的非常欣赏"管理人员教练指南"这一章——经历过新冠疫情后我们越发意识到，教练

是一项至关重要的领导活动，有助于提高生产效率、留住人才的工具都将变得非常有价值。

谢丽尔·哈撒韦（Cheryl Hathaway）

大黄集团人力与发展主管

热烈祝贺罗·戈雷尔和吉莉安·琼斯的实用教练工具书第五版上市。他们扩充了图书内容，以便帮助大家应对这个时代不断出现的挑战，包括如何培养更多的女性领导者，如何快速地做出改变，如何进行教练监管，以及与机构复杂性相关的问题。不仅专业的教练，所有管理人员和领导者都能在这本书里找到大量有用的知识，从而更好地培养他人，发展更广大的工作系统。

彼得·霍金斯（Peter Hawhins）教授

更新协会主席系统化执教、团队领导培训、教练监管与领导力主题畅销书作者

不管你是谁，不管你希望从教练工作中获得什么，这本书中都有你用得上的信息：实用工具，真知灼见，以及需要关注的全新领域。我非常喜欢这本书！

珍妮·克里德兰（Jenny Cridland）

Be the Business 领导力培养顾问

序

吉莉安

经历了新冠疫情之后，我们早已习惯了远程工作。和远在澳大利亚的罗一起搭档写作的经历与过去一样，非常美好。罗也撰写了几本与团队教练及人才管理有关的高质量书籍，和本书放在一起阅读，效果更佳。

我认为，无论是现在还是未来，教练仍会是我们这个世界的重要组成部分。过去八个月，我认真审视了自己的领导风格，以便帮助员工度过新冠疫情这个艰难时期，而教练技术在保持士气的问题上也变得尤为重要。在帮助他们应对孤立的环境时，我们几乎做不了什么，所以让他们尽可能地去说、去听，就变得至关重要。对于这个时期及之后的管理人员，教练技术在凝聚团队、维持工作效率和应对艰难局面时，无疑会起到不可或缺的作用。

我们在这一版里加入了与管理人员教练技术有关的一章，对于任何拥有下属的人来说，不论那些下属是否直接隶属于这个人管理，这一章里提到的工具都具有重要意义。我们在培训管理人员时花费大量时间讨论如何对工作表现进行管理，如何培养人才，如何通过冲突或改变执教他人，所以我们很高兴地用本版图书去介绍一些与这些领域有关的工具。

2017 年我们出版本书第四版时，不管是教练的行为方式还是组织机构使用外部教练的方式，都让我觉得教练的世界已经变得认不出来了。到了 2021 年，世界的变化越来越大。世界上有成千上万的教练，不同的机构对他们的使用方法也存在很大不同，有个人教练、职业教练和商业教练。尽管客户们更会选择教练，也更善于利用有效流程，同时与外部教练机构合作，但我认为他们仍然不知道如何衡量教练的影响，也无法真正理解这个流程的价值，尤其无法理解水平非常高的教练。使用教练是一个过程，我们应该祝贺那些真正掌握了相关流程并亲身投入，还将这一良好的实践做法分享给他人的客户。但是，我们不能丧失专注力，我们应该想办法向其他人证明，教练技术在组织机构中能够起到重要作用。

在我回顾自己过去十年的执教经历时，我觉得自己很幸运，可以执教来自不同行业（比如金融、媒体、音乐、工程、安保、建筑及其他很多行业）的 CEO 和高管们，他们在成长，我也在成长。作为 20 多年前最早一批接受教练技术的人，我见证了教练的理念不断迭代进化。我们也使用了很多不同的工具，去应对客户的重大项目。

作为女性主管，并且过去 20 年是自己的商业资讯公司的老板，我一直热心于支持女性的发展，我很幸运，可以执教不同行业里的资深女性员工。我尤其喜欢与来自不同背景的女性合作，在这个过程中，我了解到很多女性在职场中面临的来自内部和外部的挑战。这让我接受了为女性设计 RISE 发展项目的挑战，如今在世界各地都在进行。我们在中东沙特等国也开展了这个项目，这让我们收获了大量与设计女性教练技术有关的有用信息。

在本版图书里，我们增加了与培养女性的教练技术有关的一章。在过去八年里，多元化与包容性似乎变得越来越重要，如今也得到了所有人的关注——组织机构真的有心解决这个问题，还是只动动嘴皮子？有些机构确实致力于培养女性人才，但有些情况让人难以辨明。悲哀的是，研究似乎表明，如果按照现有速率提高对女性发展的关注度，我们还需要 100 年才能实现真正的性别平等。这个速度真的是太慢了！

过去三年，公众开始越发关注性别平等问题，越来越关注组织机构如何支持女性员工进入管理层，也越来越关注女性是否得到了公平对待，所以我们很高兴，在本书中加入了与女性发展有关的一章。然而，现实中存在一个大问题，那就是女性大都认为分享自身优点让她们感到不舒服，很多时候当我指导女性时，她们表示在职场上做出突出成绩并处理好人际关系真的太难了。她们认为那是一种"政治活动"，或者认为那是在显摆自己，让人感到很别扭。可是有研究明确表明，如今仅仅做好一份工作远远不够。

女性并不总能接收这样的信息。做好一份工作也许能让你获得加薪，但不一定能让你升职。想在职场上晋升，你就需要关注自己的表现、自己的形象，也要关注自己的可见度，让自己在更多利益相关者面前得到曝光。

了解了以上信息，再配合神经科学方面的研究，有助于我们理解男性和女性大脑运行方式的真正区别，特别是女性相比男性更厌恶风险。我们已开始让其他人关注其中的一些重要问题。

因此，我们在指导女性时就需要关注上述问题——我们需要帮助她们理解自己能做出什么贡献，让她们能够自如地讨论各自优点、推销自己、谈论自己的成就。

上述情况，加上非常流行的"冒名顶替综合征"，构成了执教女性过程中的主要话题。每当我开始指导在大型机构中担任重要职位的资深女性，当我们的关系变得融洽后，她们总是对我说："我一直等着有人发掘我！"我总会因为这种现象而感到惊异。尽管她们极其努力，以获得资格、知识和经验；尽管她们击败了很多人获得更多的晋升，但她们总是有种自己不值得的感觉，她们认为其他在相似位置的人比她们更有才华、更有资格或者人脉更广。因此，在担任女性的教练时，我们要帮助她们同时应对来自内部和外部的挑战。

我们那些发展女性的工具，将会帮助教练指导女性解决很多问题——当然，尽管也适用于男性，但这些工具是专为女性设计的，所以我们留给读者去尝试，读者可以自行决定这些工具更适合什么人。

最后，对于所有从事教练工作的专业人员，你们将会认识到教练工作中监管的重要性。所以我们很高兴地在这一版图书中加入了源自非常优秀的监管人员马克·比森的两个工具。马克多年来负责监管我，他发出的挑战和支持帮助我应对了很多难题。马克拥有国际教练资格（PCC），是教练监管，也是《首先执教自己》一书（这是一本有关教练自我反思的书）的作者，我相信读者在提高自身的教练技术实操过程中会发现这些方法相当有用。

我希望读者喜欢这一新版图书的内容，也希望读者继续实践，用上这些有用的新工具。

罗

2008 年，吉莉安和我第一次合作出版了《教练技术的 53 个顶级工具》这本书。那已经是十多年前的事了，世界已经发生改变，而且是巨大改变。2012 年时，我从英国移民到西澳大利亚，搬到了世界上最孤立的城市之一——珀斯。来到澳大利亚意味着我在个人层面经历了改变。我必须重新学习自己已经知道的一切，学习如何了解不一样的文化。我意识到，组织机构不只是一群个人组成的集合；在个人范围之外，组织机构也拥有属于自己的生命力。所以，即便人们离开一个组织机构，它的文化也会延续下去。

当我们在 2020 年开始撰写这一版书稿时，澳大利亚在那一年迎来了颇具挑战性的开端。我们遭遇了烧毁地面景观的野火，有人失去生命，有人失去生计。新冠疫情影响到了世界上的每一个人。我们再也找不到比现在更重要的时刻，去合作，去指导我们自己和其他人。

Agile 到来

一对一执教他人，能给个人带来重大改变；但组织机构得到的收益较少，特别是那些寻求内部系统性改变的机构。随着 Agile 法出现，团队教练在澳大利亚迅速流行起来——尽管 Agile 法诞生于 2001 年左右，其中对 Lean 方法和组织发展法进行了不少借鉴。

我一直很喜欢团队和群体教练活动，而执教自我组织或自我管理的团队，也是 Agile 运动带来的好的副产品。和 Virtual 法一样，Agile 法是很多人的首选，事实证明，学习是教练们面临的一个重要转折点，因为全球疫情很有可能改变未来很多年的工作方法。这本书里提到的很多工具经过调整后可以用于 Virtual 环境中，为如何与团队合作提供灵感与创意。Agile 的核心便是灵活、懂得应变。

所以说，到底什么是 Agile？ Agile 是一种培养软能力的迭代性方法，在其他类型的机构性变化中得到了更广泛的应用。Agile 包含 4 个核心价值观和 12 条原则，进而诞生了超过 40 种尽管得到应用但尚未流行的方法、实践与流程。其中，很多工具与方法都借鉴自其他领域，比如持续发展进步和组织机构性发展。

这股更趋向以 Agile 方式进行工作的风潮，既充满挑战性，也能带来大量机会。挑战之处在于，你要坚持教练的本质，不能过于僵化地带人进入固定流程。随着教练实践的自然发展创造出教练氛围后，机会自然就会出现。组织机构有潜力在不表明意图的情况下，通过教练活动改变自身文化。Agile 的核心理念就是要成为献身者式的领导，这与我非常看重的"无自我意识"教练理念非常吻合。

我的执教灵感

我做教练的经历开始于 2002 年，我在那时亲身了解到做教练意味着什么。我很感激我的第一个教练，他激励我去接受培训，成为一名教练。从 2004 年开始接受教练培训起我就意识到，我已经在"做"教练的工作了。那只是一段发掘过程的开端，满足了我对学习和个人成长的热爱。那时的我重新燃起了对阅读的热爱，我读了特别多与教练有关的书、文章和杂志，以至于我大脑里的想法非常多。过去 11 年，我在这本书获得的反馈中意识到，这本书帮助了处于教练生涯起步阶段的很多教练。我们感谢所有购买了这本书的读者，希望这本书能在教练工作实践中为他们起到些许帮助。我们的书现在已经有了汉语版、捷克语版和波兰语版，未来也会翻译成更多语言，还会出版有声书。传播教练技术是我们两人都很在意的事，这段经历让我们备感谦卑，整个教练社区的投入程度也让我们感到惊异。我们感谢你们。

记住自己的根，有助于理解我们是如何走到今天的位置的。在本书的第一版里，我谈论了教练的概念，提到从古代开始就存在教练，最有名的可能就是在古希腊时代。研究过经典方法后，我当然会产生倾向性。古希腊哲学家至今仍然激励着我的教练工作，正如柏拉图描述的那样，苏格拉底式对话证明苏格拉底就是第一个真正的教练。他设计的提问风格可以考察一个人的自我意识，从而让被提问的人发掘真实的自我。教练活动的重点就是培养自我意识，再以此为起点采取行动提高自我。

我们也看到了向团队教练发展的趋势，因为各个机构开始意识到，每一个人是在一个组织化体系内进行工作。那些利用了团队力量，在教练问题上采用更为系统化、策略化方法的组织机构，正在获得更好的结果。

组织机构更加复杂

组织机构日益复杂，使人们与工业化初期相比需要掌握不一样的技能。如今很多组织模式关注的是如何在复杂体系中运行。自从第一次写关于指导的文章以来，我也将 Lean Change 加入了自己的工具库。从本质上说，这个工具围绕一个迭代学习流程，囊括了持续进步、起步方法和行为经济学等多种元素。这丰富、完善了我的教练哲学，也带来了我加入本书第五版里的一个工具——教练宣言。

无须多说，不管是针对个人还是团队，我仍然有三个核心技能用于培训管理人员，并在我执教时摆在重要的位置。这三个技能分别是倾听、提问和反馈。从表面上看，这些都很简单，但在你尝试着使用这些工具的过程中，你会意识到，掌握这些工具存在不同的熟练度。我用交互、转移、转变这些说法称呼不同水平的熟练度。越向"转变"这个层级发展，你对这些技能的实践就会变得越少，这些技能也越能顺其自然地成为你执教流程的一部分。

按照我与客户合作的经历，他们一般会先向你提出任务导向或取得交互型结果的要求。当客户开始越来越相信这个过程，越来越打开心扉时，自我意识就能带来越多的转移型对话。在这种属于更高水平的对话中，教练受训关系的动态结构发生改变。使用工具的一个层面在于，工具本身只是一种载体，使客户能够实现他们寻找教练帮助的目标。如果你发现自己过于依赖工具，或者倾向于反复使用同一种工具，也许你该做出一些改变，应该尝试一些不一样的做法。

在改变之时作为教练指导他人，是我们在这一版中增加的新内容，同时也指导女性获得领导力。吉莉安和我在工作中发现了一些新潮流，我们希望提供应用范围更广的工具。因此，我们在这一版的纸质图书里删除了一些工具，把这些工具放在了线上。实际上，读者在纸质版中一共可获得 75 个工具。

我们在第五版中加入了我在其他书中提到的与团队教练和天赋管理有关的工具，但做出了一些挑战，以适应这本书的风格。《团队教练：在任何组织中最大化人才的实用指导》探讨了团队教练的角色，以及如何创建自己的团队教练流程与工具。你可以对这本书里的很多工具做出调整，以满足自身的特别需求，我们也在书中加入了一个能帮助你实现这个目标的工具。

在《他们坐在正确的大巴上吗：天赋管理的 55 分钟指南》中，我探讨了天赋的本质，也谈到了组织机构因为只关注数量太少的"有天赋的"个人而忽视了其他人的核心优势。按照教练的基础性理念，我们每个人都有潜力。我们作为教练所要扮演的角色，就是帮助那些想要提高自我，希望职业、生活与人际关系得到最大限度发展的人们。

在《如何打造教练文化》一书中，吉莉安和我以教练的基本原则为基础，将这些原则适用于组织性架构中。我们两人都相信，参与性强的员工不仅在工作中的表现更优异，他们对人生也拥有更为健康的整体认知。在以此为基础打造的工作环境中，每个人都能发挥全力、感到自己被重视，而且不管做什么工作，他们对组织机构的贡献都能得到认可。

我们希望各位读者能享受发掘新工具的过程，也希望读者在书中重温一些曾经喜欢的旧工具，并且用自己创造的工具进行实验。让我们听一听你使用工具、自己创造工具的故事吧。

接下来，就愉快地阅读吧！

目录

引言

这本书的受众究竟是谁

在我们看来，任何涉及教练工作的人都能从本书获益。我们希望这本书能吸引以下人群：

● 外聘教练；

● 内部教练；

● 需要运用教练技术的经理人和企业管理者；

● 在非商业机构中寻找工具提高自己与他人互动技能的个人。

这本书最好的一点在于，不管你是外聘教练、内部教练、经理人还是只是有兴趣提高与他人互动技能的个人，你都能在这本书中找到适合自己的工具。我们的目标是为读者创造成为教练的机会，使读者在帮助与支持他人的个人成长之旅中感受到真正的快乐。

我们对本书进行了专门设计，所以读者不需要教练方面的专门学术背景也能理解如何使用书中提到的工具。我们的目标是为读者提供可以立刻使用的工具。

我们之所以采用这种形式，就是希望能在真正想学习并实践教练技术的读者中分享这本书中提到的所有工具。当你亲眼见证他人实现人生目标、做着自己想做的事、成为自己想成为的人后，就会发自内心地感到愉快，这才是教练这个职业变得越来越受欢迎的原因。

所以说，在得出这套工具只适合专业教练这个结论前，你需要再认真地想一想。这本书中提到的工具可以帮助你创造专属于自己的工作风格。书中的文字浅显易懂，表格设计得非常实用，你读完后可以立刻投入实践。对于喜欢文字表述的读者，我们用文字概述的形式为每个工具确定了基调。

为什么这么有用

归根结底，你需要的是一个能在实践中起到作用的工具。为了确保实现这个目标，我们不断地问自己："如果使用这个工具，我需要知道什么？"我们的文字浅显易懂，没有使用过多的专业术语。我们知道，不是所有读者都会成为教练。我们希望这些工具尽可能地平易近人，因为我们认为，教练技术不应局限于专业教练。必要时我们会采用图表形式，帮助读者逐步理解每一个工具。

这本书为读者提供了已经得到验证的简单的工具，可以帮助读者与他人建立合作，解决他们遇到的问题，创造美好的未来。书中介绍了 53 个已经得到实践验证的工具，你可以从中挑选一个最适合特定教练课题的工具。书中的所有工具都在真实的教练场景中得到过应用，所以读者可以从我们的实践经验中获益。我们本可以将数百种工具都囊括在这本书里，但我们只选择了 53 个最好用的工具。

市面上的很多书籍都包含了不少有用的工具，但由于版权的原因，读者无法使用。我们希望自己的书与众不同，所以我们允许读者使用书中的表格和模板。读者可以看到我们特别的设计方式，它就是为了方便读者随时使用这些工具。

如何确定书中应囊括哪些工具

这是个好机会，我们可以谈谈为什么放弃某些内容。读者能够发现，我们在书中并不讨论教练理论等方面的内容。同时我们决定，不对教练风格做任何评价。我们确实针对指示型与非指示型教练这两种风格的利弊进行了大量讨论，比如引导客户、对他们提出建议与推动他们独自采取行动之间的区别，但这样的内容可能更适合放在别的书里讨论。

能被本书选中的工具，均适用于各类风格的教练。这些工具并不存在强制性规范，如果你发现需要对某个工具做调整以便适合自己的风格，那是好事。剩下的就由读者自行判断了。

将很多工具囊括在书中的理由，是我们在现实的教练课程中使用过相关工具，或者在推动团队前进时使用过一些工具。从本质上说，一些工具是教练技术的核心，我们称之为基础工具（见第二章），它们是任何教练工具包的基石。如果不包含这些教练技术的基本指南性工具，那么这样的教练工具包就是不完整的。与此类似，如果你想与客户进行有意义的对话，那么提问、倾听和反馈的工具就至关重要。

这些工具的作用是什么

我们已经讨论了拥有在需要时能够立即使用的工具的价值。不过，拥有这些工具并不意味着我们可以坐享其成，我们还需要不断学习这些工具。如果你想在教练课程中运用好这些工具，你需要评估这些工具与不同类型的客户之间的契合程度，从而让自己更为熟练地找到帮助每一名客户的最佳方式。

这本书为读者在各个环境下提供了大量的有效工具。当然，我们不可能预测到自己所处的所有环境，因此也不可能拥有万能的工具。因此，通读本书、熟悉每一个工具非常重要。这样一来，在面对任何情况时你都可以说："我知道一套能够帮助你的流程。"（悲剧的是，在客户面前翻阅工具手册试图找到可用的信息，这显然不能让客户相信你有能力帮助他们。）

我们之所以选择书中的 53 个工具，是因为过去这些年我们对这些工具的使用频率最高。虽然选择什么工具需要视情况而定，但有些工具的使用频率却非常高。不过我们认为，这本书为读者提供了大量备选的工具。

如何使用这本书

第一章的目的在于帮助身为外聘教练的读者。作为专业教练，你自始至终需要演示自己使用的模型和流程，以此确保你的专业性及职业道德。为了帮助读者应对这个特别的挑战，第一章便告诉读者如何与客户建立教练受训关系。我们在这一章里介绍了典型教练的工作流程、一个教练经常使用的模型、教练协议及能够帮助教练不断成长的模板。

第二章讨论了基础工具，其中包括了核心的 ORACLE 模型，也就是开展教练课程的基本路线图。这部分内容也会为读者提供开展短期教练课程的工具。我们认为，有效的教练课程并不需要持续几个小时。"茶歇时间"教练工具讲述了教练如何在工作的休息时间也能取得进展。考虑到没有人生活在理想世界并拥有大量时间，有时有关教练课程的讨论需要在短时间内完成，我们希望为读者提供能够应对繁忙时间的工具。我们发现，教练工作在简单、结构化的交流中也能有效进行，而我们的理念就是将教练课程融入日常活动中。当然，我们需要在适当的时间谨慎执教，如果客户感到时刻都在受你的指导，你的说辞就会让他们感到厌烦与疲惫。面对任何愿意和自己进行交流的人，我们很容易不由自主地进入教练模式。我们也出现过这种情况，所以这是我们自己总结的经验教训。记住，要首先征求对方的同意，特别是在使用更具"创造力"的工具时。

第三章讨论了成功的一个关键主题——设定目标。这是教练课程的主要驱动力，也是评价教练课程的关键。大多数客户发现，当他们对自己想要实现的目标有了清晰的认识后，他们对潜在解决方案的思考也会变得更积极。我们将富有挑战性的问题和强大的想象工具融入这一章中，让这一章的内容变得更加有趣。

第四章集中关注的是"问题解决"。简单地说，教练分为两种形式，即补救型和生产型。补救型教练致力于帮助客户解决遇到的问题，而生产型教练则更加关注提高客户的个人表现与潜力。一段典型的教练受训关系是，当客户解决了问题、感受到自己的进步后，他们就会将精力集中在自我提高方面。这一章的工具就是为了帮助客户进行自我提高。

第五章讨论的是任何教练环境都存在的动力因素——价值观与信念。客户明确个人目标后，激励他们实现目标的是价值观、信念与行为方式。这些工具能够帮助你解决可能阻碍客户实现目标的难题。你还能在这一章中找到帮助你发掘客户内心资源并在他们实现目标的过程中起到支持作用的工具。我们都遇到过这种现象，自己会突然领悟到"唯一阻止我前进的就是我自己"这个道理。读者需要自行确定如何使用这些工具。

第六章到第十章讨论的是可用于应对特定主题的工具。我们根据自身的工作经历选择了这些主题。

第六章里的工具将帮助读者了解巩固价值观与信念的信心策略。要想彻底实现目标，你需要将信念、能力和意愿这三者结合起来。如果存在可能影响信念的负面想法，那么这样的想法势必会阻碍未来的发展，而经过讨论且得到一致同意的解决方案通常不会取得成功，即便人们拥有足够的能力和强烈的改变欲望。这一章里提到的信心策略集中讨论了在特定场景下的做法，这些做法在帮助客户减轻演讲、展示环节的紧张情绪方面尤其有效。

信心策略与第七章和第八章的内容存在紧密联系。这两章讨论了让客户更高效地与他人合作及提高个人影响力的策略。

第七章关注的是如何高效地与他人合作的问题。如果工作中存在矛盾，人们会耗费大量时间与精力。人们会筋疲力尽，很多时候甚至陷入无法看清全局的状态。当客户对某人的看法很糟糕时，就会对客户的思维过滤系统产生影响，导致他只会产生负面想法，人际关系也一落千丈。这一章的工具在探讨人际关系中的矛盾时非常有用，这些工具可以帮助客户在感受到被排斥、无法与他人继续进行对话时展开重要的对话交流。

第八章运用了 360 度反馈的工具，帮助人们自我反省与他人的互动方式。这些工具非常灵活，读者能够以此为基础邀请客户设计专属问题，使之成为特定客户的专属工具。这一章还介绍了"榜样"的概念，即寻找一个在某方面取得成功的人士，明确哪些特征可以带来成功，并制订计划模仿这些特征。这一章还研究了如何通过展现创意帮助客户更具影响力。

第九章提到的工具重点在于提高领导力。尽管表面上这一章针对的是为商务人士服务的教练，但其中涉及的工具也适用于其他方面，比如有助于培养一个人的优先化能力等。然而，如果你的客户是一名企业的高级管理者，那么团队氛围列表与授权工具可以让你的客户在构建团队、取得工作成果方面更有策略性，也更为高效。

第十章讨论的是如何为未来制订计划，其中混合了管理职业生涯的工具。与其他工具相比，这一章的工具尤其适用于自身能力的提升。这一章的内容还包括一些非常好用的自省工具，这些工具可以帮助你思考人生的真正动力。

第十一章提供了一系列全新的工具，专为支持女性发展而设计。这些工具能够提升自信、考察并改变客户的信念，并且鼓励她们向更高的目标发展。尽管这些工具是为女性发展而设计的，但在指导男性发展时仍然高效。

第十二章提供了一系列新工具，可用于创造性地做出改变。这些工具是为与组织机构中的团队合作而设计的，在设计时已经考虑到了改编的问题。

第十三章为读者提供了其他教练开发的 10 个经典工具。我们将相关教练的信息也囊括在了这本书中，以便读者更为深入地了解他们个人及其擅长的领域，以及他们对教练工作的看法和联系方式。

第十四章专为管理他人的读者设计，不管是直接领导，还是在矩阵环境中管理他人，抑或在某个项目中做管理，读者都能在这一章中找到有用的工具。

我们在这一章里提供了一个提高表现的教练工具。我们明白，提高表现在严格意义上不能算教练问题，而且这要经历很多流程，特别是在局势趋于缓和的情况下；但我们也明白，在早期阶段采用教练技术确实有助于让人们的表现重回正轨，由此可以避免正式行动的发生。

我们提供了一个管理人才的工具。有时，让人才保持动力是件很难的事，所以我们希望这个工具能够帮助读者理解如何利用教练技术留住优秀的员工。

我们也提供了一些用于应对更困难局面的工具，不管这个局面与冲突还是与管理自己的上司有关——这在培训课程中向来都是有趣的讨论主题。

最后，我们还提供了一个指导抗拒改变的人的工具——在如今的环境中，这个工具的重要性不言而喻。

这一章里的大部分工具都属于准备型工具。设计这些工具的前提是，我们通常只有一次机会应对困难局面。如果没有认真思考结果，或者使用了错误的开场白，情况就会变得更糟。

　　第十五章提供了从商业角度和个人发展角度打造教练实践活动的工具。我们之所以在这本书里提供这些工具，是因为绝大多数教练接受了与技巧和方法有关的良好训练，但在如何打造教练实践活动方面接受的训练较少。尽管这些本身算不上教练工具，但其中却包含了更多的自我指导型工具，以便读者将教练技能投入实践的同时，也能获得收入。这一章里的工具按顺序排列，首先是一个理解潜在客户需求的工具，这样你才能创造一个有价值的提案，也就是客户与你合作所能期待获得的收益。下一个工具能帮助你的潜在客户更轻松地理解教练技术如何帮助他们。在那之后，你要关注的是如何为自己的教练服务确定价格。教练实践活动也需要配合一套商业流程，以便持续稳定地提供教练服务，而我们提供了一个能够实现这个目标的工具；此外，我们还提供了一个工具，能在你的教练业务不断扩大时让你拥有支持体系。

　　打造属于自己的教练实践活动并不只与商业工具有关。发展、打磨自己的教练技能，在一个处于不断变化状态的世界中始终让自己成为重要的人，这同样重要。我们很高兴地在本书中加入了教练监管人马克·比森的几个工具，从而帮助读者在实践中能够脚踏实地。执教自己的重点在于有意识地实践，而监管能够提醒我们注意到客户系统，以及我们的教练工作如何被客户及他们所处的环境影响，同时反过来如何影响他们。

　　重要的是，不要产生与工具"结合在一起"的感觉，读者没有必要按照书中的字面描述使用这些工具，也不需要按照我们的建议提出所有问题。不过我们可以保证，我们在书中提到的所有工具都经过了实践的检验，能够立刻投入使用。请记住，我们一直在寻找新的工具，如果你发现或创造出了更好的工具，请告诉我们，我们会将你分享的工具写入本书未来的版本中，并给予你应有的权利。让我们共同充实这个共享的工具包吧！

第一章

确立教练受训关系

—— 教练课程的流程与评估的常用工具

1. 教练课程的框架

　　教练课程能让个人与机构获得巨大收益，特别是在确立了正式教练受训关系的前提下。表 1-1 为教练课程的框架，读者可以迅速了解这个过程中每一阶段所需的步骤和模型。

表 1-1　教练课程的框架

阶段	需要采取的步骤及所需信息	使用的模型 / 模板
开始环节	• 确定需求 • 必要时与经理人交流 • 对方同意时与其他经理人或同事进行交流 • 考虑所有发展选择 • 确定教练是不是合适的干预手段	• 教练分析调查问卷
最初简报（确定需求与结果）	• 讨论教练的目的 • 确定结果与预期成绩 • 如何对课程进行评估 • 将会收集 / 使用哪些信息 • 双方同意的见面频率 • 确定如何把控进展的程度 • 与其他有助于其发展的活动互相协调 • 对评估流程达成一致意见 • 确定反馈机制 • 讨论复核流程，比如合格分数	• 教练的定义 • 教练简报 • 评估问卷 • 教练计划 • 360 度 • 观察工具 • 自我分析
第一次会面（建立融洽关系）	• 受指导者与教练建立友好关系 • 达成保密协议 • 收集信息并复核 • 明确真正的问题或挑战 • 确定成功标准 • 必要时与经理人一起复核协议	• 教练友好关系 • 确立友好关系清单
按计划开展相关活动	• 确认问题与挑战 • 获取解决方案 • 探索各种选择（ORACLE） • 行动计划 • 复核行动 • 从中汲取经验教训 • 确定实践机会 • 评估教练课程 • 按照约定向经理人 / 发起人提出反馈 • 适时与教练进行案例回顾	• ORACLE • 工具 • 行动计划 • 评估表

（续表）

阶段	需要采取的步骤及所需信息	使用的模型／模板
回顾，再接触或结束合作（保持势头）	• 复核成功标准 • 复核结果 • 确定继续学习计划 • 复核最初的友好关系	

2. 教练评估模板

这是什么

为不同的人寻找合适的发展方案会为其带来全然不同的结果。从历史上看，很多企业制订的成长计划均以员工培训为核心。经理人会在业务评估的讨论中参与员工发展计划的制订，也会寻找各种培训机会提升自己和其他员工各方面的技能。和大量门槛较低的培训项目相比，聘请教练通常会给人留下一种"人际关系很糟糕"的感觉。然而，经理人有必要为整个团队的利益而考虑多种发展选择。教练评估表（见表1-2）可以用于确定成长发展方案前的备选文件，帮助经理人更深入地思考聘请教练这种形式是否合适，以及自己在未来应该对团队成员给予怎样的支持。

作用是什么

教练评估表可以帮助经理人评估企业内部是否需要聘请教练，或者是否需要通过培训课程完成相关目标。如果企业对表1-2第一部分的大部分问题做出了肯定的回答，那么聘请教练就是合适的选择。评估表的最后一部分内容鼓励经理人去思考，当教练课程开始后，他们能为其他人提供怎样的帮助。

何时使用

人事部门的工作人员在确定企业需要教练或培训后可以使用这个模板。这能让他们与经理人共同验证，确定选择了正确的解决方案。如果经理人完成了这份表格，他们就能以此作为判断依据，以此证明自己认真考虑过了所有适合企业的发展方案。

使用流程是什么

经理人应当在决定选择任何一个发展方案前完成这个表格。经理人随后可以与人事部门的工作人员一起复核这些答案，确定未来的最佳方案。

所需时间

完成表格需要 10 分钟。

表 1-2 教练评估表

序号	问题	是	否	
	第一部分			
a	教练课程是否设定了明确的学习目标			
b	学习过程是否涉及需要保密的内容			
c	需求是否与压力和自尊相关			教练
d	这个人在机构中的地位对其参加教练课程是不是一种阻碍			
e	这个人过去接受过与这个特定问题相关的培训吗			
f	这个问题紧迫吗，比如是否为特定演讲或会议做准备			
g	这个问题与长期发展领域相关吗			
	第二部分			
a	这个人所在部门中的其他人在不远的未来是否会出现类似需求			培训
b	这个人会因为听取其他人对这个问题的观点与见解而获益吗			
	第三部分			
a	你能否支持这个人将学到的东西运用在工作环境中，比如寻找机会实践或提供反馈意见			
b	这个人是否清楚地了解成长发展需求，比如这个人是否能收到任何建设性反馈意见，他是否能理解这些意见			运用学到的内容
c	你与这个人是否对发展目标展开过讨论			

3. 教练简报表

这是什么

在初步建立一段教练受训关系时，教练有必要与潜在客户进行结构化讨论，确定客户想要重点发展的能力，了解是否存在与此次教练课程同时进行的、其他有助于其发展的活动，这样的讨论非常重要。讨论客户、教练与客户的上司三者之间的关系也非常重要。教练简报表（见表 1-3）就是针对这些讨论设计的工具。这个表格能让人们尽快为后续的教练课程确立衡量标准，还能在一定程度上促进教练与客户之间建立正式的教练受训关系，以及确定教练任务的范围。确立课程的衡量标准和确定教练受训关系也是教练专业性的一种表现。

作用是什么

教练简报表对确立友好关系具有三重作用。这个工具能够确保教练与客户建立良好的人际关系，这意味着双方确定了目标和预期结果；它能鼓励客户将过去的成长过程或有效信息告知教练，并提供有益于教练课程的相关文件；它还能为客户提供测量记录，教练可以以此让客户了解教练课程的投资回报率（ROI）。

何时使用

应当在任何预计持续时间超过一个课时的正式教练受训关系确定前使用这个表格。经验丰富的教练会发现这个工具适用于所有场景，这个工具应当成为教练与所有客户进行介绍性会面时的讨论基础。

使用流程是什么

向客户解释教练简报表的使用目的，让对方首先告知教练他们想要在哪方面重点发展。当他们做出深入解释后，教练要让客户描绘出他们希望从教练课程中获得怎样的成果，比如希望自己在六个月后会有怎样的改变。

客户对教练课程抱有的任何恐惧、担忧或现实中存在的障碍也有必要进行讨论。这种讨论既可以是个人的恐惧心理，也可以是客户对保密问题的担心，或者担心时间有限。现在是你重申一定会做好对客户隐私的保密工作的好机会。与此同时，你也可以告知客户自己作为教练和客户及经理人的各自责任。重要的是，要与经理人就反馈机制达成一致。此外，还要讨论教练课程的次数、是否需要在三次课程结束后进行复核评估及何时正式开始课程。

确定教练课程顺利进行的衡量标准，推动客户认真思考如果他们的行为方式发生改变，会对自己的工作产生哪些影响。如果对方完全描述不出任何潜在影响，你就需要认真思考是否有必要推进教练课程。

非强制选择：如果有用，你可以与客户完成会面目标及日程安排表（见表

1-4），确定前三次课程需要讨论的问题。你既可以在审核过程中以此文件为基础进行复核，也可以在与客户初步建立教练受训关系前将表格发送给他们，让他们了解每次教练课程包含的内容。

小提示

避免过于僵化地按照表格内容行动，你可以自由进行对话，记录对话中出现的有关信息。你可以在后面继续提问，填补表格中的空缺。

可问的有用问题

为了明确客户希望通过教练课程获得怎样的结果，你可以询问：

"成功是什么样的？"

"当你获得自己渴望的结果后，我能看到你做出哪些改变？"

"其他人会注意到你在哪些方面的不同？"

所需时间

大约需要 45 分钟，取决于对个人问题及渴望的结果讨论的深入程度。

表 1-3　教练简报表

公司	首次会面时需想到的问题
客户：	
客户想要重点发展的方面：	
渴望的结果（技能或行为的改变） （1） （2） （3）	
潜在恐惧 / 担忧	如何处理这些问题
潜在障碍	如何克服这些障碍
过去的教练课程经历	
其他培训或计划好的发展活动	
协商一致的反馈机制	
课程次数	每次课程时长
第一次课程进行了多长时间	复核分数
需要收集的信息	

（续表）

公司	首次会面时需想到的问题
下一步／具体行动	
教练的职责： • 为课程做准备 • 确保能以客户满意的方式完成所有目标 • 后续跟踪并复核 • 保密	
客户经理人的职责： • 提供反馈意见 • 必要时参加会面	
支持教练课程的其他人	
成功的衡量标准	
需要收集／使用的信息（比如心理测试）：是或否 如果选"是"，在以下方框中勾选，或者补充任何额外内容： □ 16PF □ MBTI □学习风格问卷 □ 360度问卷 □情商问卷（EIQ） □ SDI □其他	
签名及日期： 客户： 教练： 主办人：	

表 1-4　会面目标及日程安排表

第一课时： 需要讨论的问题及学习方法	时间与日期	衡量标准	讨论后的复核
第二课时： 需要讨论的问题及学习方法	时间与日期	衡量标准	讨论后的复核
第三课时： 需要讨论的问题及学习方法	时间与日期	衡量标准	讨论后的复核

4. 受训自我评估问卷

这是什么

在一个经过精心设计的教练课程中，客户要么被公司指定参加特定的教练课程，要么自愿参加，并愿意花时间认真思考自己希望从教练课程中获得怎样的结果。但情况并不总是如此，有时客户被指定参加教练课程，但和经理人几乎没有进行过任何讨论，所以只能由教练确定他们被指定参加相关课程的原因。在这种情况下，我们有必要鼓励每一名客户去认真思考他们的期望。受训自我评估问卷（见表1-5）就是实现这个目标的好办法。

作用是什么

它可以让客户从客观角度反思他们对教练受训关系及实践活动的预期，并由此开始思考自己渴望得到的结果。这个工具也能鼓励客户在与教练的第一次会面前思考自己的优缺点。如果客户在第一次会面前返回了调查问卷，你也可以据此获得一些有用的背景信息。

何时使用

在建立教练受训关系前使用，这能为与客户的首次讨论打好基础。

使用流程是什么

要求客户尽可能详细地完成表格，你可以要求对方提前发送给你，也可以在见面讨论时随身携带。

所需时间

30 分钟。

表 1-5 受训自我评估问卷

姓名：	日期：
目前职位：	联系信息：
你对开展教练课程的预期是什么（例如，你想看到、听到、感受到什么与现在不同的东西）	
实践活动安排	
你觉得和教练共处多长时间能产生作用	

你希望的会面频率是什么
请在一天中确定你喜欢的会面时间：
你对会面地点有什么偏好吗
关于你自己
你认为自己最显著的成就是什么（包括工作中与工作之外）
你认为自己目前在哪个领域最为成功
你认为自己在哪个方面需要成长发展
你是否进行过何种心理评估测试（个性问卷或天赋能力测试）？如果进行过，请在下面的方框中勾选： □ 16PF □ MBTI □ OPQ □学习风格问卷 □ SDI □情商问卷（EIQ） □其他（请列明）
你愿意和教练分享上述测试的结果吗？还有其他可用于讨论的信息吗

5. 确立友好关系清单

这是什么

在初步建立一段教练受训关系前，重要的是投入大量精力与客户建立友好关系。表1-6可以帮助教练在教练课程正式开始前，明确在与客户的讨论过程中应该覆盖的所有关键问题。例如，如何确立教练受训关系，以及成功的衡量标准是什么，这些都是非常重要的问题。

作用是什么

从根本上说，教练可以运用这个工具确保自己和客户坦率地讨论了所有关键问题，并提前确定教练课程的内容与教练受训关系的框架，以此确保双方能有最大的机会获得成功。

何时使用

教练在与客户建立教练受训关系时，在第一次需要当面探讨教练课程的关注重点及教练与客户的合作方式时应该使用该清单，也就是在与客户确立友好关系时使用。确立友好关系的会面结束时也可以使用，以此保证讨论内容覆盖了所有要点。

使用流程是什么

清单里的标题可以为会面确定基调，确保双方能够讨论所有的重要问题。

不要遗漏清单中的要点。清单中有一些建议性的问题，教练可以用自己的方式进行表述。最关键的一点在于，教练和客户需要讨论所有重点问题、记录所有疑问，确保双方对这段合作关系的未来有着清晰的认知。

教练课程是一种合作性的活动，客户可能会讨论清单上没有的问题。每次结束课程时，一个比较有用的做法是，询问客户是否感觉双方的关系存在缺失。

在会面中每完成一个讨论就划掉相关问题，会面结束后要确保所有问题都得到了讨论。如果存在没有讨论的部分，你需要重回那一部分，以确保不出现任何遗漏。

小提示

对教练来说，讨论如何建立友好关系是确立教练受训关系时最重要的环节。这为整个教练受训关系奠定了基调，明确了哪些内容会进入未来的讨论。

教练可以根据自身风格确定会面机制，不需要完全按照清单列出的方式进行。关键在于，无论采用什么样的方式，作为教练，你要确保与客户进行的讨论覆盖了所有要点。快速扫一遍表格，保证自己没有出现任何遗漏。

重要的是，双方需要对合作方式达成一致。你可能需要记下双方达成一致的要点，并在会面后与客户确认。这样一来，双方在有需要时都有资料可查。

这个流程并不是法律意义上订立合同的正规流程，但这确实意味着双方一致认可开启教练受训关系。在正式开始第一次课程前，双方可以讨论任何关心的问题。

所需时间

留出 30 分钟讨论所有问题。有些客户更愿意讨论其中某些问题，所以时间可能有长有短。

确立友好关系清单

为保证教练课程的高效进行，在正式建立教练受训关系前，教练需要解决几个重要问题。这些问题涉及教练工作的具体流程、程序性问题及专业和心理问题。

对教练来说，表 1-6 是一份非常好用的清单。会面结束后，教练通过这份清单就能确认与客户讨论的要点是否有遗漏。

表 1-6 友好关系清单

教练协议	
你的目标是什么？你可能取得哪些阶段性成果	
你的职责是什么？受你指导的客户又有什么职责	
你设置了哪些保密条件	
第三方是否参与这段教练受训关系？他们对此有什么期望	
程序性问题	
会面频率有多高（例如，只要客户同意，确立合作关系后可以每月进行一次电话交流）	
能否采用电话或电子邮件等通信形式	
每次课程的时间是多久	
会面地点是在工作场所还是其他地点（当客户提议咖啡厅或其他公共场所时需要注意，教练通常喜欢隐私环境）	
是你主动接触客户还是客户接触你	
谁负责预定会面的房间	
谁负责保证会面处于隐私且不受干扰的环境中	
需要哪些文件	
谁负责记录	
如需取消会面，该如何安排	
专业问题	
客户能在两次课程之间联系你吗？你能联系他们吗	
教练课程的内容是否存在限制	
是否存在你认为自己没有能力进行指导的领域，而你的客户可能需要寻求其他帮助（比如寻求咨询师帮助）	
你有意保存记录吗？如果有意，你会记录什么？你与客户是否达成了协议？你在哪儿储存这些信息	
客户还能获得哪些支持或资源	
心理问题	
你与受你指导的客户如何确保这段合作关系能够进展顺利	
谁来主导复核？复核的频率如何	
是否存在隐藏的目标或安排	
你对诚实的定义是什么，特别是关系到反馈意见时	
如果进展不顺利，双方会怎样做	
如果其中任何一方认为没有效果，怎样结束这段合作关系	
这段关系如何获得一个令人满意的结局	

6. 行动计划

这是什么

行动计划（见表 1-7）是一个可以帮助客户衡量教练课程成功与否的工具。这也是一个非常好用的工具，可以明确每一名客户希望自己在哪个领域得到指导，同时能够帮助客户了解如何衡量投资回报率。行动计划具有保密性，这取决于之前确定的基本规则，你和客户可能只需要向公司分享一部分能够帮助公司衡量成功与否的信息。

作用是什么

这个工具用于帮助客户明确他们的目标和想做的事情、想成为的人或者希望拥有的东西。这也是每次会面开始时可用于复核的有用文件。

何时使用

在确立教练受训关系前使用，教练与客户双方需要就整体目标达成一致。每次开展的教练课程需要与最初设定的目标存在关联，每次课程结束时都要确保完成行动计划。

使用流程是什么

教练课程开始时，与客户讨论他们希望通过教练课程实现什么目标。一起探讨他们愿意接受训练的原因及希望从中获得怎样的结果。他们身上正在发生什么？他们希望自身出现哪些变化？他们希望何时发生这种变化？这些答案就是他们渴望的结果与实现目标的预期时间。接下来，具体讨论"结果"——衡量标准到底是什么？获得怎样的结果意味着他们取得了成功？这个结果的可实现性有多大？这是一个现实可行的目标吗？

接下来，再与客户探讨这个渴望的结果为什么具有重要意义。探讨他们所需的支持与资源，将目标拆分为可控的阶段性目标分步骤去实现。他们如何知道自己获得了渴望的结果？做出改变时，他们会看到、听到、感受到什么？一旦清晰地确定了结果，你就可以使用合适的工具与客户一起应对问题，寻找潜在的解决方案。

当客户明确了解决方案与结果后，要求他们思考需要克服的潜在障碍，并让他们思考如何克服这些障碍。接下来，你要与他们讨论需要怎样的行动才能获得渴望的结果。

帮助客户将目标拆分成一个个阶段性的目标。在实现目标的过程中，他们需要运用哪些工具？现实中是否存在实现目标的重要途径？在将上述问题的答案融入行动计划前，你可以先记下头脑风暴中产生的所有想法，认真思考后再制订行动计划。

最后询问客户，当他们获得渴望的结果、取得成功后，他们计划如何庆祝。

小提示

进行头脑风暴时在便笺上记录想法，这可以在正式形成具体方案并记录于行动计划前让你和客户自由地思考与发挥。

你和客户都应该保留一份行动计划，因为行动计划对客户是一种提醒，告诉他们需要做什么、这么做的原因及庆祝方式。行动计划可以帮助教练为每一次课程做准备，并考察教练课程的进展。

所需时间

留出 45 ～ 60 分钟使用这个工具。有些客户可能对自己想要实现的目标非常明确，但对那些目标不够明确的客户，你可能需要更多时间才能确定他们渴望得到的结果。

表 1-7　行动计划

渴望的结果（使用现在时态，比如"我现在……"）	实现整体目标的日期	
	S（Specific，明确） M（Measurable，可衡量） A（Achievable，可实现） R（Realistic，现实） T（Time Framed，有时间框架）	
寻求发展 / 渴望结果的原因	所需支持	所需资源
所需的特定行动（可控小目标）	衡量标准	
实现目标的潜在障碍	解决方案或克服障碍的想法	
需要努力改善的行为		
阶段性目标	目标日期	实现日期
成功后的庆祝（我该如何庆祝）		

7. 受训评估表

这是什么

对教练来说，反馈意见堪称最有价值的资源之一，教练可因此了解每一名客户接受训练的具体情况，确定哪些指导环节有效，哪些环节效果不佳。自我反馈同样具有重要意义——教练以此对教练课程的进展做出自我评价。从本质上说，教练课程是一个合作的过程，教练在这个过程中也能得到收获。这个反思与评估流程（见表 1-8 和表 1-9）能够使教练与客户充分地评估教练课程。

作用是什么

这是客户让教练正式了解课程进展的机会。教练应该在每次教练课程的最后定期询问客户的想法，以便确定客户从每次的课程中得到了哪些收益。教练应该定期使用受训评估表这种正式的评估文件。

何时使用

在一系列教练课程结束时使用。我们建议，每 3 ～ 4 次课程结束后邀请客户提供正式的反馈意见。理想状态下，在每次课程结束后的复核阶段，教练也需要进行自我反思。

使用流程是什么

在建立友好关系的过程中，教练需要与客户确定互相提供反馈意见的渠道。邀请客户填写教练课程评估表，并要求他们诚实地回答问题。每次课程结束后，作为教练，你应当独立完成自我评估，为日后自我成长总结经验教训。

小提示

不要僵化地要求客户进行这个流程。有些客户更愿意通过聊天的方式给出答案，而不愿意采用填写评估表的方式。在这种情况下，你可以在与客户谈话时记录相关信息。最关键的一点是，你需要让客户提供反馈信息。

反馈信息中可能会出现一些需要与客户深入讨论的要点。教练需要保证以非威胁的形式完成这个步骤，并且集中精力学习有用的信息。要求客户在每次课程结束时完成表格，或者给他们留出一点时间，认真填写后再交给你。如果有客户希望将表格带回家填写，你需要强调反馈意见的重要性，告诉他们只有认真反馈才能建立良好的教练受训关系。

所需时间

这取决于客户。客户填写教练课程评估表一般不会超过 10 分钟，而教练完成表 1-8 的自我评估并形成行动计划可能需要 15 ～ 20 分钟。

反思与评估

自我反思与评估清单，必须由教练完成。

完成一次教练课程后，教练应该尽快填写第一部分表格，其中需要详细填写"评价"与"学习结果"这部分内容，然后再填写第二部分的清单和学习分数表。完成所有表格后，教练需要对自己列出的信息进行反思并制订总体行动计划。

表 1-8　反思与评估清单

教练姓名：		客户姓名：	

第一部分：教练自我评估

你对课程的结构安排感觉如何	高效结构	5 □ 4 □ 3 □ 2 □ 1 □	非高效结构
课程是否给客户积极的感受	非常积极	5 □ 4 □ 3 □ 2 □ 1 □	略感消极
与客户在多大程度上建立了融洽关系	非常融洽	5 □ 4 □ 3 □ 2 □ 1 □	很不融洽
客户对自身决定和行动的负责程度如何	负起全部责任	5 □ 4 □ 3 □ 2 □ 1 □	责任感低
会面的时间长短	过长	5 □ 4 □ 3 □ 2 □ 1 □	很短
行动计划的准备程度	准备充分	5 □ 4 □ 3 □ 2 □ 1 □	准备不足

评价：			
学习结果：			

第二部分：自我反思清单

以下问题与成为高效教练所需的能力与品质有关。教练可以定期使用这个工具，以评估自己的教练能力。

问题	是	否
你是否提前为教练课程中需要讨论的内容做好了充分准备		
你是否确定了客户在哪些问题上可能回归过去的行为，以及他们可能回避的问题		
课程开始前双方是否已经对渴望的结果达成了一致意见		

（续表）

问题	是	否
你是否为客户提供了足够的支持		
你设置的目标难度是否合适		
你本人是不是道德楷模		
你是否明确地告知客户自己希望看到他们采取哪些行动		
你是否鼓励客户在更大的范围内寻找解决方案，而且你也会认真考虑这些方案		
你是否能够认真观察客户的非语言行为，检查他们是否存在言行不一的问题		
你对所有客户的观察与评判是否做到了客观、独立和分离		
倾听客户说话时，你的注意力是否集中，是否能够确保不受到任何干扰		
你是否采用了更简单易懂的形式解释讨论中涉及的内容		
对话时你是否采用了轻松自然的肢体语言且更多地采用口头提示		
你是否采用了有技巧的提问方式，以推动对方分享更多的想法与信息		
你会给出明确的反馈吗		
你会及时给出反馈吗		
你给出的反馈意见集中在对方的行为及其后果上吗		
除了表扬，你是否会给出建设性的反馈意见		
与其直白地告诉对方做什么，你是否会采用侧面推动型的方法促进目标的实现		
你是否会采取跟踪调查的方式来确保一切按计划进行		
学习点：		
整体行动计划：		

教练课程评估表

教练课程评估表必须由客户完成。

请客户完成教练课程评估表（见表 1-9），以帮助教练评估客户的学习进展。首先，对下列表格的各个环节做出评分。如果愿意对某个优势进行评论，或认为自己在哪个发展环节需要帮助，请在评论栏中注明。

表 1-9 教练课程评估表

教练姓名：				客户姓名：
评分标准如下： 4 所有核心环节都满足了我的需求 3 满足了我的大部分需求 2 在某些环节没有满足我的需求 1 完全没有满足我的需求				
	1	2	3	4 评论
教练课程的结构安排得是否合理				
教练与我是否建立了融洽的关系				
教练提出的问题与我自身的关联度如何				
教练倾听谈话的认真程度如何				
反思与总结的有用程度如何				
会面时长是否合适				
教练是否展现了适当的同理心				
教练的肢体语言是否合适，比如眼神接触				
教练设置的挑战任务是否合适				
教练使用的方法在推动思考方面是否有用				
教练在推进行动计划方面做得是否足够				
评价（请指出教练做得好、对自己有帮助的地方，如果上述问题不够全面，也可以提出他们需要改进的地方）：				
结果（教练课程为自己在工作中带来了哪些改变）：				

第二章

基 础 工 具

——管理教练受训关系的核心工具

1. 倾听模式

这是什么

"倾听"是教练工作的核心，也是教练课程的关键组成部分。一般来说，普通人只会用自己倾听能力的四分之一；剩余的时间和精力都被用在提出问题、思考潜在解决方案或分心走神上。很少有模型能真正指导我们如何去倾听，而表 2-1 和表 2-2 可以帮助教练成为更有洞察力的倾听者。

作用是什么

这个工具通过不带评判眼光及偏见的倾听，为倾听设置了基本原则；此外，你还会练习具有重大作用的"复述"技能。在教练课程与受训活动中，及时反思是实现目标至关重要的一环。客户可以据此回顾自己说了哪些话，教练也可以据此考察自己的理解是否到位。客户在认真思考自己说过的话时，教练也能增加思考的机会。教练与客户的关系也会变得更加融洽。这种做法能保证双方的交流不会给人一种被审问的感觉。

何时使用

有人和你进行对话交流时就可以使用。这个工具的使用场景并不局限于教练课程和受训活动。倾听有点像跑步，需要耗费大量精力。当你开始认真倾听他人说话时，你会发现这是一项艰苦的工作，很快就会感到疲惫。因此，你需要培养倾听的忍耐力与持久力，这样不仅能听到对方说了什么，也能听出对方的言外之意，而言外之意通常更为重要。

使用流程是什么

了解整个模型，你要确保自己了解成为优秀倾听者的意义。展现出积极倾听的行为：确保自己的肢体语言能够给你的客户带来一种全情投入的感觉，面部表情轻松自然、平易近人。客户说话时，你需要时刻保持眼神接触；放松一秒，就会对双方的融洽关系造成不利影响。

当你作为教练需要说话时，你无须时刻与客户保持眼神接触。如果眼神接触会让你的客户感到不舒服，试着注视对方眼眉中间的某个点——这是一个"盲点"，这样既能让你和客户感到放松，又能在客户面前表现出你正在认真倾听的样子。

积极倾听，使用诸如"嗯""没错""是的""好的"这样最低限度的鼓励语句，鼓励对方说话，表示自己有兴趣倾听。不过，你需要不断变化这些最低限度的语句，而且要掌握好时机；没有比一个人没完没了地重复同一个说法（比如"对对对"）更招人讨厌的了。

在适当时候向对方复述你听到的话，比如"所以你说的是……"或者"听起来你的意思是……""我听到你说……"保证自己能准确地复述对方说出的话和感受，不要添加自己的任何解读和感想（记住，这里是纯粹的倾听）。

必要时，将复述环节扩展为时间更长的总结环节，确保你与客户对交谈内容达成一致意见。当你能够精准地完成这项工作时，你会发现客户已经具备了做出最适合自己选择的能力。

小提示

如果对方喜欢说话，不需要你太多鼓励客户就能滔滔不绝地谈话，你可能需要寻找空当适时插入自己的反思，否则有可能让你们的对话失去重点。大脑为了保持高效运转，需要片刻时间对获取的信息进行分类。

所需时间

顺其自然。没错，就是这样！如果因为突破个人忍耐极限而催促别人，这对你和客户不会有任何好处。所以说，放松去倾听，不要着急！

表 2-1　倾听能力级别

级别	要点
1	这一级别的倾听者只能部分倾听对方的谈话，因为对方说话时倾听者的注意力往往集中在以下事项上： • 接下来自己准备说什么 • 对对方的话认同与反对的程度 • 对说话者形成看法 • 完全无关的事，比如周末自己准备做什么，或者今晚工作结束前还需要做什么 • 观察室内外的景色
2	作为倾听者，你会密切关注对方说的每句话。例如，在教练课程进行期间，你需要坐在椅子边缘，身体倾向客户，把全部注意力投向对方，做出让人舒服但并非时刻都在进行的眼神接触 倾听并不只是共处一个房间，而是要展现出始终与说话人保持一致的样子，需要做出语言和非语言的认可

（续表）

级别	要点
3	作为倾听者，你不仅会密切关注对方说的每句话，也会观察其他可能暗示说话者心态的非语言线索。这种级别的倾听者会关注说话人的表情、说话的方式及说话过程中的肢体动作，不仅能理解客户说的每句话，也能对他们的心理进行更深入的理解。倾听的目的不仅在于了解对方说了什么，也在于从对方的说话方式及肢体动作中察觉言外之意

表 2-2　高效倾听的 4R 模式

尊重 （Respect）	• 认同客户拥有自主观点的权利 • 理解他们的观点对他们很重要 • 整理自己的思路 • 不要有预先判断与偏见
实时 （Real Time）	• 向客户展现出你对他们及他们所处的状态很关注的神态 • 积极活跃地倾听 • 集中关注客户正在谈论的内容 • 将全部注意力集中在倾听上，不要思考问题
共鸣 （Relate）	• 理解并明确客户的想法（观点） • 认同客户正在说的话 • 对客户的立场表示理解，用"好的"这样的回答性沟通方式认可对方 • 展示出同理心。读懂对方的面部表情，使用类似"没错""我明白""我懂"这样的用语，做总结时要复述对方的情绪与感受，比如"听起来是很艰难的沟通。""可以想象你会感到担心。"
复述 （Reflect）	复述是种强有力的行为，可以澄清产生困惑的地方，阐明任何含糊之处，整理出真正的问题、感受与想法。你可以通过以下方式进行复述： • 说出关键词，体现出自己已经理解了问题的核心 • 提出一两个不打断客户思路并能够鼓励他们继续谈论的说法，比如"你的上司怎样看待这件事情呢？" • 你要保证自己能够准确地复述出客户描述出的任何感受 • 为了客观了解真相，你必须及时复述自己不理解的某段话 • 及时总结对话内容，确保自己理解到位。例如，"所以你发现了错误，也告诉了经理，但目前仍然没有得到回复？"

2. 提问能力与技巧

这是什么

高效的提问是教练能力的核心。表 2-3 列出了教练课程中可使用的不同类型的问题与示例。当然，高效提问的前提是高效倾听。开始教练课程时你必须对将要提出的问题有一个总体概念，同时也要做好认真倾听的准备，并注意在对话过程中出现的问题。

作用是什么

教练提出任何问题，目的都是发掘客户自己没有意识到的本质问题。提出合适的问题也能帮助客户了解那些自己已经拥有却并未意识到拥有的技能、天赋与能力。

何时使用

能否娴熟地提出问题，这是专业教练与普通人之间的最大区别。在表 2-3 的帮助下，你可以掌握提问技巧的基本原则。这个工具能激励你记录有效问题，并反思这些问题的效果为什么这么好。这个工具并不是一份事无遗漏的详细清单，而是强调一个重点：有时最好的问题，只需要简单的一个词再配合语调上的变化而已。

使用流程是什么

使用这个工具不存在固定的流程。使用方法之一就是，反复练习提出这些问题并倾听对方的回答，之后再向自己提问：哪些问题在哪些情况下能起到最好的效果。提问与倾听环节开始于一个能够引发双方交流的问题。教练的工作就是让客户激发自己大脑中有意识和无意识的思维。具体提出哪些问题，取决于客户之前说了什么。具体提出的问题，应当融入图 2-1 中的倾听提问流程图。

图 2-1 倾听提问流程图

教练提出问题，引导客户搜索大脑中不同的"文件"，让他们学会充分运用自己拥有的各种资源。

你可以自行决定提出哪些问题，以下是我们认为有用的方法。

当客户需要但没有某项技能或资源时，"你知道还有谁可能提供帮助"这样的简单问题就能打开他们的视野，帮助他们探索各种可能。首先提出"还有谁"这种说法也在暗示客户该去寻求谁的帮助。接着提出"其中哪些人能提供最佳、最合适的帮助"这样的问题，使客户可以自行评估选择，鼓励他们对各种可能进行优先排序。

我们会在后面的内容中探讨反馈环节，倾听、提问与反馈在教练课程的讨论活动中会形成互动循环。这个语境下的提问就像在舞蹈，随着对话发生改变，问题与提问的方式也要发生改变。

小提示

沉默在对话中是一个强有力的工具，客户既可以在沉默中认真思考问题，也可以在沉默中反思自己的内心活动。我们需要培养自己适时保持沉默的能力。尽量使自己提出的问题简单易懂，避免使用专业术语。方法之一就是，在客户思考时仔细观察他们视线的移动。如果向上、向下、向四周看，这意味着他们有可能陷入沉思，搜索大脑中存储的信息或者思考假设情形。试着耐心等待，直到他们的眼神重新聚焦于你。他们或许会为你提供一些信息，也有可能要求你澄清之前的问题，过早打断他们的思绪可能导致重要的思路丢失。

要时刻小心，避免提出诱导性问题，或提出暗含对客户存有批判性的问题。多用"详细谈谈这个话题""这个问题对你的重要意义是什么""你的行为背后的动力是什么"这些说法。

不要害怕，你可以向客户提出"什么样的问题最能为你提供帮助"这样的问题。优秀的教练一定要与客户建立一种合作的关系。教练最重要的职责就是，通过教练工作帮助客户不断前进，不论出于什么原因，如果你提出的问题无法推动客户前进，你就需要找出背后的原因。你可以说出自己作为教练的感受，接着提问"你对现在进行的教练课程有什么想法"。

这里不存在正确或错误的回答，只存在能够推动客户前进、在他们看来合适的回答。你提出的问题可能出现出人意料的回答。做好准备，关注客户，不要分析客户让人意外的回答背后的原因。课程结束后你要抽时间去分析客户从哪些问题中受益最多，哪些问题让他们获得了力量。你能在其他教练课程中使用这些问题吗？你觉得哪些问题最让你觉得舒服、哪些问题带给你最大的不适感？如何利用这些信息帮助自己在专业方面继续成长？

可问的有用问题

你在哪儿能找到什么样的机会？

什么时候你会有什么表现？

你可以得到谁的支持？

你拥有哪些信息？

你需要做出哪些改变？

你需要哪些信息？

你如何知道哪些做法有效？

实现目标时你会有怎样的感受？

是什么让你相信这个方法会有效果？

你能做什么减少痛苦 / 降低难度？

如何获得新创意或修改过去的想法？

是什么让你决定采用这个方法？

为了……你还能做什么？

最主要的障碍是什么？

如何清除这个障碍？

针对……这个问题你准备做些什么？

你有什么看法？

会有哪些风险？

你如何制订应急计划？

你如何说服……？

你的感受如何？

你认为这个方案怎么样？

你如何才能做出更多贡献？

怎么才能提高或丰富你的个人角色？

你的价值观是什么？或者说，什么对你更重要？

小提示

别忘了沉默的艺术。你要培养自己保持沉默的能力，同时展示出鼓励性的肢体语言。重要的是，为客户留出反思时间，让他们能够按照自己的节奏回答。如果沉默没有起到预期效果，那就换一种方式重新叙述问题，或者换一个问题。

所需时间

设计出好问题的关键在于反复练习。通读表 2-3 中列出的"问题类型"及"解释与示例"大概只需要 5 分钟。教练要在实践中练习，思考哪些问题最有效。每次进行教练活动时，教练都应该测试各个问题的有效程度。教练只有更多地练习才能掌握娴熟提问的技巧。我们建议所有教练自行设计一套问题，思考自己在课程中愿意提出哪些类型的问题。

表 2-3　提问技巧

问题类型	解释与示例
开场型	以"如何、什么、哪里、谁及为什么"开始的问题具有不同程度的作用，例如： • 如果采用不同方法，你觉得这件事情会发展成什么状态 • 发生那件事时，你有什么感受 • 为了提高……你愿意做什么 要小心"为什么"这种说法，这种说法有可能会给客户一种质问或批判的感觉。你可以换一种方式提出"为什么"式的问题，比如"是什么原因导致你那么做"而不要说"你为什么那么做"
试探型	试探型问题分为以下两类： • 漏斗式：提出的问题很宽泛 • 钻孔式：提出的问题很有深度
复述型	复述型问题的一个例子是："所以你的意思是……我说的对吗？"如果问题的第一部分采用了疑问语调，那么第二部分就显得多余了
指令型	这种问题用于向客户发出挑战，要求他们探索某个问题并提供解决方案，或者继续一个思维流程、坚持某种观点或行动。例如"如果你确信……能得到改善，那你认为自己需要采取哪些行动，以及何时采取行动？"
话说一半或问一半	这种类型的问题有助于激发客户的潜意识，让他们在放松、没有压力的状态下回答问题。例如： • 你提到了……项目吗 • 你有一个……想法 留出足够空间让客户思考答案
假设性提问	通过"……如何""假如……"这样的说法，你提出了一个设想或建议。这样的问题有助于提出一个新概念，或者引导客户与你达成一致，但你要在不引起对方戒备的前提下对他们的回答发出挑战。这种问题也有助于你检查自己对客户之前的回答理解得是否准确。在教练课程中，假设性提问的用处很大，使用范围也很广。但是这些问题必须在合适的环境下提出，也需要与之前的谈话内容存在关联

问题类型	解释与示例
信念改变型	如果客户用"我不知道"回答你提出的问题，那么复述问题时你首先要说"如果你知道……？"这会鼓励客户深入思考，做出令你意外的回答
苏格拉底型	这属于哲学性的提问方式，比如"……的逻辑是什么？""最糟糕的情况可能是什么？"
结束型*	结束型问题有助于控制对话或转移话题，但不能频繁地使用这种提问方式
多重问题*	多重问题的价值很低。通常我们在面对压力、边想边说或者没能组织好问题时才会提出多重问题。需要注意的是，多重问题会让客户感到为难，他们会选择回避最重要的问题
诱导式问题*	这种问题同样需要小心。提出这种问题时，很多时候你在心里已经有了答案，或者将自己的想法强加给对方。例如，"你对那个结果满意吗？""所以说你不介意做……吗？"

注：带 * 的问题应谨慎、尽可能少地使用。

3. 反馈技巧与示例

这是什么

反馈能够帮助客户进一步了解为获得渴望的结果所要采取的策略，同时也能帮助客户了解这些策略的效果。反馈可以帮助客户做出选择，改变当前的行为、行动及心态。反馈可以成为推动个人做出改变的动力，不仅如此，正确的反馈还具有强大的激励作用。

这里提到的工具，是在教练课程的对话中使用反馈的一种技巧。提出反馈并让客户接受可能会触动对方敏感的神经，所以我们建议，作为教练，你需要在对每一名客户的观察或互动体验的基础上采用不同的方式使用这个工具。这并非对一个人做出评判。你的观察越细致具体，越能找出更多解释客户做出某种行为的原因，客户就越能理解自己正在做的事情，从而选择用怎样的心态面对现实。

"保密"是所有教练课程的基石。使用这个工具时，保密的意义尤为重大。确保客户保持好心态的方法之一就是，教练在开始教练课程时一定要确保自己始终保持诚实与开放的心态。对客户来说，有时这也是一种挑战，但他们终归能理解，所有教练的初衷都是帮助他们获得成长和发展，帮助他们获得渴望的结果。

作用是什么

反馈是推动个人做出改变的动力。反馈的目的在于提供以下信息：

- 为对方可能存在盲点的领域提供独到的见解；
- 为对方的优点或需要继续提高的领域提供有价值的信息；
- 协助对方应对某个挑战；
- 对他们的人生进行肯定。

我们在前面说过，反馈并不是评判某个人，所以最后一点"对他们的人生进行肯定"和之前的说法看似存在矛盾。根据我们的经验，如果教练总是以客观、不夹杂个人感情的方式面对客户，会对维护双方的关系产生反作用。每个人都有获得认可的需求，取得认可也是合理的行为，但提供反馈意见并不等于给出错误的表扬。作为教练，你必须对客户给予支持与帮助，所以，如果你觉得客户过于轻视他们取得的成就，基于他们说出的话给予正面的反馈就很有必要。毕竟，他们可能意识不到自己取得了多大的进步。

何时使用

需要视情况而定。换句话说，你要在客户的特定领域给出反馈并让对方接受。但在对话过程中，反馈也可用于了解客户做出某种行为的原因，或了解其所处的状态。使用反馈并不存在对错，但使用反馈的意图必须是积极正面的。作为教练，你需要时刻检查自身的情绪状态，保证自己没有利用反馈"传授智慧"或者向客户发泄心中的不满。最重要的是，反馈一定要以帮助客户为前提。

对话能否自然流畅地进行，取决于教练和客户之间是否建立了融洽的关系。随着教练课程的不断推进，你自然会知道如何在正确的时间给出合适的反馈。

使用流程是什么

教练很可能没有观察过教练课程之外客户的状态。因此，教练给出的反馈意见完全建立在客户对特定局面或者他们希望得到反馈的领域的描述，以及教练在课程中对客户的言行所做的观察的基础之上。这意味着你只能听到客户从自己角度叙述的故事，而这个故事很有可能会扭曲现实。

与客户探讨现实。客户认为自己在哪些方面需要改变？为什么需要改变？是什么让客户认为他们必须采取不同的做法？

解答了上述问题后，你可以将对话集中在客户想要具体了解的细节上。在这个阶段，为每个客户列出一份他们希望教练特别观察并倾听的内容清单会是很有效的做法。

接下来，你要与客户讨论如何给出反馈意见。客户希望教练直言不讳地给出反馈，还是希望教练能更温柔、更委婉地给出反馈？他们对反馈意见的忍耐极限是什么？了解这些极限背后隐藏的问题也很重要。有些教练喜欢采用突破式的执教方法，鼓励客户走出自己的舒适区，甚至进入极度不舒服的状态。身为教练，你一定要了解自己的客户在这个问题上的态度。

教练一定要让客户说出自己最真实的感受，同时确定自己的反馈对他们是否起到了帮助作用。教练能否帮助客户实现目标，取决于教练课程对客户能否起到帮助作用。

给出反馈意见后，下一步就是探讨可以采取的行动。听到反馈意见后客户想怎么做？他们如何利用反馈意见？在确定具体行动前，首先要让客户了解各种可能性。他们还能想到什么？要不断拓展他们的想象力与创造力，只有这样，客户才能找到解决方案后拥有动力采取实际行动。

要想给出强有力的反馈意见，教练必须时刻注意客户通过肢体语言释放出来的信息。

小提示

反馈是双向的，通过对话过程中一个自然的追加提问就能确定，你作为教练所做的工作是否对客户产生了积极作用。

你要尽可能迅速地给出反馈意见。

你还要从客户的角度思考问题。他们对反馈意见会有怎样的感受？你需要做什么才能以明确且适当的方式向特定客户提出反馈意见？

要保证反馈意见的平衡性。过于积极或过于消极的反馈都会损害其可信度，导致客户不经过认真思考就直接过滤了你的反馈意见。

关于这个流程的最后一点是，你可以使用视频来记录与客户的对话，并在事后与客户一起观看，这会让客户对双方的交流形成不同的感受，并且能够直接观察自己的言行。有些客户可能很紧张，所以你要小心地做好安排，同时思考以下几项要点：

- 想象自己是客户，你会有怎样的感受；
- 在负面信息与积极信息之间寻找平衡；
- 在谈及个人发展的空白期时，不要回避相关问题，但要通过强调优点与积极信息来平衡负面评价；

● 采用合适的语调与语句；

● 要敏锐地感知客户的状态；

● 如有可能，将语言性的反馈转化为可视性反馈；

● 做出准确的总结——定期总结并获得对方认同；

● 强调积极因素，不说令人丧气的话；

● 给出反馈意见时，尽量采用"如何去做"的说法，不要用"如何不去做"的说法；

● 在给出对方不容易接受的反馈意见时，采用类似"因为我无法观察你在开会时的样子，所以我也很难判断，但我觉得如果你……"的说法有助于减少对方的戒备；

● 将客户的行为、其他人的反应及客户可能面对的结果条理清晰地阐述给客户；

● 记住，过度赞扬有很大的风险，会导致客户难以了解真实的局面；

● 避免做出主观的评判，将评判尽量集中在对事实的描述上；

● 反馈意见绝不应该让客户感到意外；

● 如果客户不再认真听取你的反馈，或者开始为自己辩护，这可能是因为你过于用力试图说服他们。出现这种情况时，你要退后一步，重新组织语言来叙述你的反馈意见；

● 如果客户不断为自己辩护或不断反驳你的观点，你就要找到这个现象背后的原因，并将这个原因转化为积极因素。

给出有效反馈意见的原则

● 分析当前局面，告知客户需要做出哪些改变，为什么需要做出这些改变。

● 明确客户希望通过反馈意见实现什么目标。

● 列出你认为需要讨论的话题。

● 保证你的反馈意见具有可实现性和可衡量性。

● 确保在恰当的时间提出反馈意见。

● 创造合适的环境氛围。

● 聚焦未来发展。

● 将各种事实联系在一起，满足客户的需求，你既可以让他们认真地思考自己应该做什么，也可以给出明确的建议。

- 与客户达成一致意见，确保他们能够接受你提出的反馈意见。
- 以你观察到的行为为核心向客户提出反馈意见。
- 保证自己提出的是描述性的反馈意见，避免评价或批判。
- 首先与客户讨论进展良好的领域，关注积极因素。
- 描述与特定情况相关的行为，即便该行为只是众多案例之一。
- 以概括性的语言描述出客户希望获得反馈意见的领域。
- 保证你提出的反馈意见对客户有价值。
- 确定客户真的知道自己应该做什么。
- 根据客户的接受能力进行调整，了解他们接受反馈意见的忍耐极限。
- 致力于探索各种解决方案，而不是直接给出答案。
- 就特定行动达成一致意见。
- 保证反馈意见具有明确性和建设性，反馈意见一定要做到以下几点：
  - ◎ 具体而不宽泛；
  - ◎ 具有描述性而非评判性；
  - ◎ 与客户的需求相关；
  - ◎ 是客户渴望的，而非强加于他们的；
  - ◎ 及时，且符合当时需要；
  - ◎ 具有实用性。

所需时间

使用这个工具需要的时间为 20 ～ 40 分钟，具体时间取决于讨论范围。教练课程中自然出现的反馈意见可能只需要 30 秒，这个反馈意见可能与观察到的客户的特定言行有关。例如，当客户频繁使用某个特定词语时，你可以说："我注意到你在刚刚过去的五分钟里你说了好几次 ×× 这个词语，你注意到这个问题了吗？"

4. ORACLE 模型

这是什么

ORACLE 模型是我们设计的教练工作的基础模型，这些年来，我们将这个模型传授给了很多人，取得了非常好的效果。这个工具的设计目的是引导客户完成教练课程的受训循环（见表 2-4、表 2-5 和表 2-6）；需要注意的是，现实不一定完全按照 ORACLE 模型的顺序进行，有时循环还会出现重复和叠加。不过在大部分教练课程中，你会接触到这个循环的所有组成部分。ORACLE 模型构成了所有教练课程的基础框架。

这个模型的设置依据在于，当客户面对一个问题和挑战时，他们需要经历四个阶段才能解决问题。这四个阶段分别是：

- 阐述说明问题；
- 生成潜在选择；
- 评估各种可能性；
- 制订计划，落实自己选择的方案。

你可能觉得，这个模型只有在客户带着问题、明确知道自己需要解决什么难题时才有用。但实际上，这个模型是所有教练工作的核心。要想在教练工作中取得成功，你需要保持灵活的头脑，学会随机应变。所以当你完成倾听、娴熟地提出问题后，你会进入对方揭示真正问题的阶段。进入这种状态后，你需要做好准备，适时使用这个模型。

何时使用

ORACLE 模型适用于任何情况，可以在任何时候引入教练课程。

使用流程是什么

模型的第一部分（见图 2-2）是确立结果（O）。如果客户不知道自己希望得到什么结果，他们就很难取得任何进展。通过询问对方对成功的看法、让他们想象成功的样子，你就已经向前迈出了重要的一步。

在客户充分想象后，你需要进一步澄清问题，确定自己解决的是不是真正的问题（R）。这能够让客户真正了解问题的本质，帮助他们确定所要面对的挑战。有些时候，当客户清晰地描述出现实后，他们会继续讨论自己需要做什么，这时你只需要倾听他们说出的每句话，就足以帮助他们了解现状。大多数时候，当人们以这种方式谈话时，才会意识到自己最初提到的问题并非真正的问题，表象之下存在着更深层次的问题。这是 ORACLE 模型的关键环节，这个环节所能起到的作用总是能让参加教练课程的人感到惊异。很多经理人在课程结束后意识到，很多年来他们只是处理了表面问题。

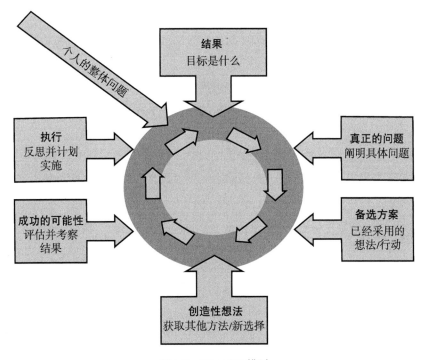

图 2-2 ORACLE 模型

下一步是寻找备选方案（A），获取潜在选择。这个环节至关重要的一点就是教练不能引导客户。很多教练表示，这个时候提出建议只会听到客户回答"因为……我不能做""我已经试过了""那种做法没用"。这些回答并不让人意外——客户面对相关问题的时间远比你长，所以对方早已试验过你立刻想到的所有方案也并不让人意外。在这个环节，我们需要了解对方过去尝试过或者思考过什么备选方案。

接下来，要进入创造性想法（C）环节，你要考虑这些问题：客户能否用不一样的方式尝试上述选择？客户能否增加更多创意或者改变之前的想法？客户能否产生其他联想？在这个阶段，教练应当尽量鼓励客户积极思考，适时提出宽泛而又模糊的问题，比如"还有其他想法吗？任何想法、任何思路都可以。"教练在这个阶段需要小心调整说话的语气，避免让对方产生被审问的感觉，因此教练需要掌握娴熟的技巧。话虽如此，教练在这个环节最容易犯的错误是，还没有从客户那里得到足够的回答就转移了话题。更糟糕的是，还没有认真讨论问题的本质就直接进入解决方案的讨论。

教练在这个阶段的任务就是将任何可能的选择抛给客户（无论这个选择听起来多么疯狂），帮助对方考虑所有可能性。教练需要不带偏见地为客户列出所有选项。

现在，客户可以停下来思考成功的可能性（L）。对他们来说，哪个想法会有最好的效果？哪个想法会带来不利的后果？教练可以不断就相关主题向客户提出问题，直到得出一个明确的选择。

最后将想法付诸实践（E）。这时教练需要与客户一起制订计划，并确定如何实施计划。这里需要考虑的问题是实施计划的时机，潜在障碍与克服障碍的建议，所需的环境氛围与支持，等等。

进入这个阶段后，往往会出现新的问题，所以你只能再次进行这个循环。因此，做好不断重复循环的准备，直到确定解决了所有本质问题，而不是仅仅应对了表面现象。

小提示

倾听，倾听，继续倾听！客户最初提到的问题很少是真正的本质问题，所以不要急于进入备选方案和创造性想法环节。客户对问题的认识越清晰、大脑中对结果的设想越明确，教练课程也就越成功。

所需时间

这取决于问题的规模与复杂程度，如果进行的是全套教练课程，全面完成 ORACLE 模型至少需要 45 分钟。

表 2-4　ORACLE 模型

结果	• 渴望的结果是什么 • 是否对相关目标进行了缜密的设计
真正问题	寻找并明确真正的问题
备选方案	• 显而易见的解决方案是什么 • 是否还有其他想法
创造性想法	修改任何已有想法，或思考从未尝试过的解决方案，不论这些想法听起来多么夸张
成功的可能性	从 1 到 10 对所有选择进行评分，思考所有可能的结果
执行	• 具体计划是什么 • 谁会参与其中 • 谁会提供帮助 • 应该如何沟通

表 2-5 ORACLE 模型概述

• 客户对问题全貌进行表述 • 积极倾听，以非语言方式鼓励他们 • 避免询问"细节"问题，帮助客户顺畅地思考 • 对问题进行总结并复述，检查总结的准确性	
结果	• 要求客户对渴望的结果进行描述 • 鼓励客户调动各种感官去描述实现结果后的感受。询问他们对成功的定义（鼓励他们去思考），或者去了解其他人对他们的评价
真正问题	探寻潜在的问题。客户表达出来的问题是真正的问题吗？是否存在需要进一步探讨的问题？是否存在更深层次的问题？要积极主动、活跃地倾听。使用试探性的问题，用复述性的总结去发掘信息
备选方案	• 首先询问客户是否已经想过怎样解决问题 • 客户已经采取了哪些行动 • 客户已经取得了哪些成功 • 以上问题是否有深入探讨的必要
创造性想法	• 询问客户"你还能做什么？"不做评判，尽可能多地提出建议。认真倾听，向客户复述他们提到的所有解决方案，帮助他们宏观认识所有方案，其中也要包含那些以开玩笑的口气说出的方法和具有实现可能性的即兴方案 • 再次询问客户是否还有更多的想法，并认真倾听。当他们确实说出一切想法后再次进行总结，这时你不能表现出对某个方案的偏爱或厌恶等态度 • 在这个阶段，如果你有任何想法希望对客户进行补充，就尽量以简单的方式提出自己的想法。你要确保自己的想法具有客观性。如果客户已经拥有很多想法，你就不要再说自己的意见了
成功可能性	• 为了让客户逐一评价每种建议的成功可能性，建议他们从 1 到 10 对每一种想法的成功可能性进行评分，同时建议客户根据每种想法实施的难易程度进行评分 • 对每一个想法，向客户提出以下问题： （1）需要哪些条件才能实现目标 （2）这个想法会带来什么结果 （3）需要付出怎样的代价 （4）这个解决方案可能带来什么好处

（续表）

执行	<ul><li>复述最受青睐的解决方案。询问客户，他们认为自己会做什么。了解他们对实施解决方案的感受</li><li>询问可能遇到怎样的障碍，鼓励他们思考克服这些阻碍的方法</li><li>询问需要哪些因素能够增强他们解决问题的信心</li><li>继续试探，了解是否存在无法解决的障碍</li><li>鼓励客户再次检查最初的行为、阶段性目标、目标日期及所需资源，确保一切具有可行性</li><li>就未来教练课程中你需要客户提供的支持及下一步行动达成一致意见</li></ul>

表 2-6　ORACLE 模型不同阶段可用的问题

结果	<ul><li>你心中的理想结果是什么</li><li>你眼中的成功是怎样的</li><li>如果你明天一觉醒来发现问题得到了解决，你会认为发生了什么</li><li>你认为用多长时间实现这个目标是合理的</li><li>你认为合理的第一步应该是什么</li><li>你如何知道一切进展顺利</li><li>你对这个结果有多大的控制力</li></ul>
真正问题	<ul><li>目前是什么情况</li><li>是什么导致你认为不该是这种情况</li><li>真正的问题是什么</li><li>这对你产生了什么影响</li><li>还有什么情况让你担忧</li><li>是什么阻止你解决这些问题</li></ul>
备选方案	<ul><li>到目前为止你做了什么</li><li>这些行为带来了什么结果</li><li>你有什么想法</li><li>还有其他选择吗</li><li>你已经做出了哪些尝试</li></ul>
创造性想法	<ul><li>如果钱不是问题呢</li><li>如果不需要咨询任何人呢</li><li>谁能为你提供最大的帮助</li><li>你还有其他想法吗？如果客户回答"我不知道"时，你就问：如果有想法，那是什么</li></ul>
成功可能性	<ul><li>哪个选择最有吸引力</li><li>哪个选择最合理</li><li>你认为自己会做什么</li></ul>

成功可能性	• 如果这么做了，情况会发生怎样的改变 • 你如何知道自己的做法是否有效 • 有哪些具体指标 • 如何衡量结果 • 你对实现目标有多大的把握 • 你成功改变 X、Y、Z 的可能性有多大，从 1 到 10 做出评分 • 是什么阻止你无法达到 10 的程度 • 你还需做什么才能达到 10 的程度 • 从 1 到 10 评价每个解决方案的难易程度
执行	• 你需要什么样的支持 • 你准备何时开始行动 • 你会做什么？你的第一步计划是什么 • 如果第一步有效，你的下一步计划是什么 • 设定的其他阶段性目标是什么 • 如何应对各种阻碍 • 如果无法获得渴望的结果，你准备做什么

5. 茶歇教练模型

这是什么

茶歇教练模型是一个建立在 ORACLE 模型基础上的结构化教练受训模式，但它经过特别设计，能够用于较短时间的场景下，因此得名"茶歇教练模型"。这个模型将 ORACLE 模型的基本原则和客户与教练之间的头脑风暴（见图 2-3）结合在一起，帮助客户获得潜在解决方案。

作用是什么

当人们说"我不知道对……该怎么做""我对……有疑问""我陷入了一个艰难的局面"，或者存在需要解决的问题时，都可以使用这个模型。这个模型不仅有助于客户了解在寻找解决方案时他们自己也需要承担一定的责任，还能让他们迅速意识到自己同样能做出贡献。

何时使用

在任何情况下（任何环境中），只要出现上述问题时均可以使用。教练既可以在一对一情况下使用这个模型，也可以在团队环境中使用这个模型。有时你没有时间完成全部教练课程的流程讨论，无法帮助客户获得全方面的提高，而你又想帮助他们，在这种情况下你可以用 5 ～ 15 分钟的时间运用茶歇教练模型实现部分目标。

使用流程是什么

（1）要求客户描述目前遇到的问题，给出有用的具体案例及相关的背景知识。如果你觉得时间有限，对方在细节上的讨论过多，那么你可以用复述的方式对客户说过的话进行总结。

（2）要求客户对结果进行描述。鼓励他们尽可能详细地勾勒出问题得到解决后会出现的场景。这时你只要关注结果，而不是试图在这个阶段解决问题。对任何突然闪现出来的想法都做好记录。

（3）与客户合作，列出所有横亘在 1 和 2 之间的障碍。便笺在这个环节是很有用处的一个工具，根据内容你可以将便笺分为三组：

①这个客户存在的问题（比如缺少某种技能或知识，动力不足）；

②其他人身上存在的问题（比如有些消费者焦虑，有些经理人压力过大、恐慌）；

③现实情况（比如资源不足，最后期限发生变动）。

（4）与客户一起进行头脑风暴，寻找克服上述障碍的方法和可能的未来行动计划。

（5）思考头脑风暴中想出的每一个解决方案的利弊，你要让客户从 1 到 10 对每一个方案的成功可能性做出评分，1 代表最不可能成功，10 代表最有可能成功。

（6）客户对每个解决方案做出评分后，你要根据评分提出相关问题，帮助他们确定最终方案。

（7）你要与客户就方法、行动与时机达成一致意见，包括如何、何时、在哪儿采取什么样的行动。询问客户是否还需要其他支持。

小提示

让客户集中精力关注未来。

不要过早提出建议，这也是遵循 ORACLE 模型的基本原则，即让客户自己思考解决方案，只有当他们陷入挣扎时你才能提出建议。

回顾 ORACLE 模型，了解可以提出哪些有用的问题。

所需时间

平均为 15 分钟。

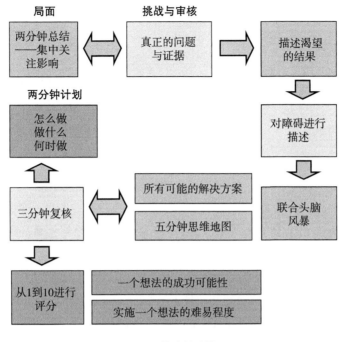

图 2-3　茶歇教练模型

6. 自我培训工具

这是什么

这是一个简单的工具，利用 ORACLE 模型的基本原则，让人们迅速获得提升自己的能力。这个工具（见图 2-4）鼓励人们不受情绪干扰，关注自身是否存在需要立刻解决的问题。这个工具的基本框架具有提醒作用，让人们知道需要做什么才能解决问题。重要的是客户在现实中不能完全依赖教练，而这个工具能够帮助他们实现这个目标。

作用是什么

教练可以将这个工具传授给客户，让他们在两次课程之间保持前进势头并养成良好的习惯。这个工具分为两个部分：一部分是确定问题或明确选择，另一部分则是依靠个人直觉考察一致性——提出的解决方案到底能给对方怎样的感觉呢？这非常重要，因为人们在这个阶段没有与教练合作，不存在外界制约因素。这个工具对教练也能起到很好的作用。

何时使用

只要客户遇到难题或挑战，并且无法与教练沟通时都可以使用。当客户遇到任何挑战时，如果希望获得掌控感与外在力量，这个工具尤其有用。

使用流程是什么

在将这个工具传授给客户前，教练自己首先要进行尝试。

确定难题究竟是什么——是环境造成的还是发展过程中形成的？

提出一个能够明确个人目标的问题。例如，当你面对的是一个人际关系难题时，你应该问自己为什么不能合作共赢呢？自己想要的是什么？合作的感觉怎么样？

在这个工具的帮助下明确各种选择，制订计划，确定哪些行动可以解决难题。

现在，你要考虑凭直觉确定行动计划是否合适，并检查是否存在不合理之处。为了帮助自己做好准备，你可以首先思考在自己的人生中曾经做出的好的决定或让自己心态平和的决定。放松，闭上眼睛，调动所有感官重温那个瞬间。

注意自己身体的感受。身体某处可能产生一种感觉——也许是大脑中出现一道闪光或者胸口涌上一股热流。重要的是要关注个人感受——那种"好的决定"给人的感觉。现在，再思考自己曾经做出的不够积极或者结果糟糕的决定。再次从精神上重温这个决定（尽可能生动地重温，只不过需要小心可能带来的痛苦与煎熬）。注意这时身体哪些部位会出现感觉——也许是胃不舒服，或者身体某个部位感到沉重。当需要做出决定时，深入思考，想象自己已经做出了决定，并注意自己的感受。

小提示

当局面变得明朗时，你可能需要重复循环中的某些部分。不必过于严格地按流程走，重点在于向自己提问。如果有效，你也可以使用便笺记录自己的想法。

所需时间

完成整个循环一般需要 10 ～ 40 分钟。

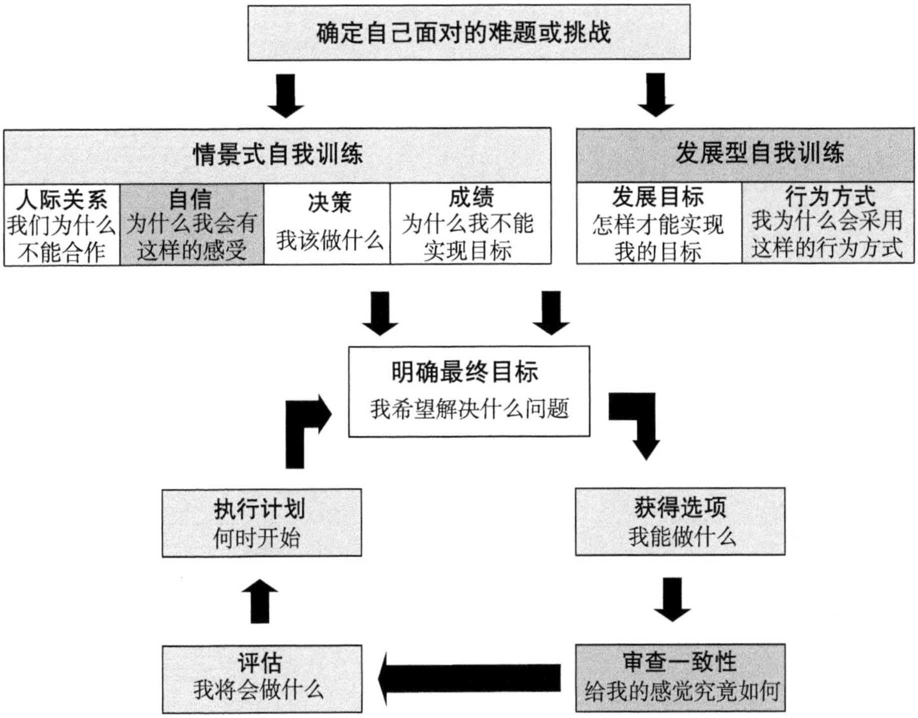

确定自己面对的难题或挑战					

情景式自我训练				发展型自我训练	
人际关系 我们为什么 不能合作	**自信** 为什么我会有 这样的感受	**决策** 我该做什么	**成绩** 为什么我不能 实现目标	**发展目标** 怎样才能实现 我的目标	**行为方式** 我为什么会采用 这样的行为方式

明确最终目标
我希望解决什么问题

执行计划 何时开始		**获得选项** 我能做什么

评估 我将会做什么		**审查一致性** 给我的感觉究竟如何

图 2-4　自我训练工具

第三章

设 定 目 标

——明确目标的工具

1. 建立强大的意图

这是什么

"建立强大的意图"是一种提问方法，可以明确某些主观目标对客户具有重要意义的原因。这个工具的作用就是向客户确认为什么这个结果很重要，以及这个结果如何对他们产生激励作用。在这个环节的交流中，客户需要对七类问题做出回答。这一系列问题源自"某物为什么让人渴望、值得拥有"的亚里士多德式提问，由罗伯特·蒂尔茨（Robert Dilts）在 2003 年出版的《从教练到觉醒者》（*From Coach to Awakener*）一书中发展成型。罗伯特·蒂尔茨是世界知名的神经语言程序技术（NLP）专家，他与该领域的其他专家理查德·班德勒（Richard Bandler）和约翰·格林德（John Grinder）合作在 20 世纪 70 年代开发出了 NLP，后续还开发出了多种与 NLP 相关的工具与模型。

这个工具要求客户陈述某个主题对他们的重要意义，希望以此发掘自身的潜意识。当客户在教练课程中讨论目标、信仰和价值观时，他们选择的主题可能已经"显现"了出来，客户选择的主题其实也体现了他们自己的核心价值观。

在表 3-1 给出的模板中：

- "因为你……"发掘的是主题重要的原因；
- "因此你……"告诉客户能够获得什么收益；
- "无论何时你……"是一种语境，客户在这种语境下将会获得收益；
- "于是你……"解释了收益在相关语境下具有重要性的原因；
- 预测性的"假如你……"帮助客户了解与主题重要性有关的其他事实；
- "尽管你……"是一种对现实的考察，意在提醒客户他们的行为并不总是围绕主题进行；
- 最后，"与此同时你……"实际上是对偏离主题的一些行为的认可，因为我们有时确实会迷失方向，但自己愿意前行的动力并未消失，需要予以肯定。

作用是什么

教练工作的意义就是帮助客户实现他们想要实现的目标，获得他们想要的结果。现实中客户是否拥有不断前行的动力，将决定他们能否如愿以偿。这个工具既可以帮助客户理解自己的真正动力，也可以帮助他们了解如何利用自身资源。当客户面临巨大挑战时，亲手写下某个主题将具有重要意义，这种做法有助于推动客户继续前进。客户可以将个人使命写在纸条上随身携带，面对不确定或对未来产生怀疑时，看看纸条就能提醒他们"为什么"要继续下去。

何时使用

这个工具既可以用于一对一教练课程，也可用于团队培训。在客户缺乏动力或者总是不愿意采取行动的情况下，这个工具尤其有用。对那些明知该做什么却没有行动意愿的客户，这个工具也能起到很好的效果。在团队培训中，这个工具可用于确定对整个团队都具有重要意义的主题。

如果想用好这个工具，教练与客户之间必须建立融洽的关系，只有这样，客户才会与教练讨论某些具有深度的话题。不要在教练课程开始时使用这个工具，你可以在完成价值观练习后使用这个工具，因为这两个工具之间存在着自然的联系。

使用流程是什么

使用这个工具时，教练的任务就是根据模板提出问题，记录客户说过的每句话。让我们以"友谊"为例。教练必须严格按顺序提问，以此为客户勾勒出一幅画面，帮助他们深入理解为什么友谊如此重要并让人渴望。教练的每一句话都应当以"友谊很重要，且让人渴望……"为开端，并邀请客户完成接龙。重要的是，教练需要忍住进行解释的欲望，只是重复"友谊很重要，且让人渴望……"这句话。教练还必须逐字逐句地记录客户说的每句话。在推动客户实现目标的过程中，客户自己的话具有最强大的力量，因为只有他们自己知道为什么会说出那些话。完成表格后，教练需要与客户共同审核，删除"尽管你……"之外的所有连接词。具体操作流程可参考后面的实例。

这个工具真正的意义在于，当你删除了"尽管你……"之外的连接词后，客户就拥有了一份强大的个人意图声明，他们也可以将这份声明随身携带。

小提示

一定要忍住对客户的说法进行调查研究的欲望。客户说出某些话的原因与我们现在要做的练习无关，重要的是客户说出的每一句话。必要时，你可以在后续环节与客户进行讨论。

逐字逐句记录客户说出的每句话。

带上一些空白的卡片，这样客户就可以自己手写记下自己所说的话并随身携带。这种手写的文字与语言之间的情感联系具有强大的提醒作用，是非常好用的工具。

开始前，你要保证客户处于放松、舒服的状态。如果课程开始时他们表现出了慌张，你就要帮助他们放松。方法之一就是鼓励他们深呼吸。让他们站起来，双脚分开到与胯等宽，就这样站着呼吸几分钟。你可以运用任何适合自己与客户的方法，帮助他们在课程开始前进入积极、放松的状态。

有些客户可能认为这个工具太"温柔"。实际上这是个好机会，教练可以与他们探讨形成这个观点背后的原因，帮助他们改变对这个工具的看法。

所需时间

这取决于客户进入放松状态所需要的时间，从开始到结束一般需要 15 ～ 45 分钟。

建立强大的意图（实例）

友谊很重要，且让人渴望……
因为你拥有强大的人际网络，有机会与他人分享自己的感受

友谊很重要，且让人渴望……
因此你与他人培养出了长期的私人关系

友谊很重要，且让人渴望……
无论何时你都希望获得愉快的社交时间

友谊很重要，且让人渴望……
于是你询问他人的意见，获得反馈

友谊很重要，且让人渴望……
假如你和信任的人在一起时能够开怀大笑、做真实的自己

友谊很重要，且让人渴望……
尽管你有时会发现与一些朋友逐渐疏远

友谊很重要，且让人渴望……
与此同时你需要他人的陪伴，以此保持与外界的联系，真正地生活

填写完成后，删除"尽管你"之外的所有连接词，将上述声明变为第一人称。这段声明就会变为：

友谊很重要，且让人渴望。

我拥有强大的人际网络，有机会与他人分享自己的感受。

我与他人培养出了长期的私人关系。

我希望获得愉快的社交时间。

我可以询问他人的意见，获得反馈。

我和信任的人在一起时能够开怀大笑、做真实的自己。

尽管有时我会发现与一些朋友逐渐疏远，但我需要他人的陪伴，以此保持与外界的联系，真正地生活。

表 3-1　建立强大的意图模板

（主题）很重要，且让人渴望…… 因为你……
（主题）很重要，且让人渴望…… 因此你……
（主题）很重要，且让人渴望…… 无论何时你……
（主题）很重要，且让人渴望…… 于是你……
（主题）很重要，且让人渴望…… 假如你……
（主题）很重要，且让人渴望…… 尽管你……
（主题）很重要，且让人渴望…… 与此同时你……

2. 目标设定

这是什么

拥有清晰明确的目标是教练工作取得成功的因素之一。如果客户能设想出一个目标，他们就更有可能实现这个目标。正如老话所说："不知目标何处，势必流落他处。"当人们能够清晰地看到自己未来的目标时，通常会意识到机会始终存在，过去只是因为不了解自身需求才看不到这些机会。

作用是什么

目标设定框架表（见表 3-2）能够帮助客户设定合理的目标，并正式确定实现目标的流程。确定目标后，框架表的第二部分就能帮助客户将目标拆分为数个可衡量的小目标。这是一个相当有用的流程，可以确保客户的目标包含所有必要的组成元素。

何时使用

只要客户表示他们有一个希望实现的目标时都可以使用，特别是那种对客户而言非常"宏大"或"能够改变自己人生"的目标。

使用流程是什么

首先引导客户完成目标设定框架表的第一部分，这部分的作用就是明确客户的目标。在这一环节的最后，教练要向客户提问："你还想完成这个目标吗？"

如果答案是"想"，客户就需要继续完成第二部分的内容。第二部分的作用在于客户能够用可衡量的标准将目标记录下来，这意味着他们拥有了评价自身成绩的标准。如果答案是"不想"，那就重复第一部分，直到明确真正的目标。

明确目标后，教练要帮助客户将目标拆分为可衡量的小目标，并要求客户明确需要实现的阶段性目标。将这些内容记录在"实现目标的步骤"这一标题下。你还要让客户明确实现目标后的庆祝方式。

为了让客户负起责任，教练需要鼓励客户在目标设定框架表的最后签上名字与日期。

鼓励客户将填写完成的目标设定框架表摆放在显眼处，或者保证自己能定期看到目标。教练也要留一份副本，以便在下一次教练课程开始前进行复核。

小提示

你要确保客户留出足够时间完成目标设定框架表。作为教练，你的任务是帮助客户实现目标，所以你也需要保留一份副本，以便在下一次教练课程开始前进行复核。客户必须相信自己设定的目标。如果客户认为一个目标过于宏大，不确定自己能否实现，你可以建议他们设定短期目标，这既能让他们勇于接受挑战，又不至于导致失败。同时你也要保证客户设定的目标具有一定的挑战性，并考虑这个目标是否会让客户的工作表现发生改变。

所需时间

取决于目标大小，一般大约需要 30 分钟或更多。

表 3-2 目标设定框架表

第一部分：确保目标清晰明确

我的目标	
具体来说，我想要的是什么	
我想在哪里、和谁一起实现这个目标	
我希望何时实现这个目标	
实现目标后会有什么不同？我会看到、听到、感受到什么	
如何才能知道自己走在实现目标的轨道上	
怎么才能知道自己偏离了正轨	
为了实现这个目标，我需要启用哪些资源	
为了实现这个目标，我需要获得哪些资源	
我需要谁的支持？我需要他们的什么支持	

我还想要实现这个目标吗？ 想 / 不想

第二部分：确保将目标拆分为可衡量的小目标

请你用现在时与积极的口吻，为自己写下清晰、可衡量的目标。可参考以下例子。

我是一名经验丰富、合格的运营经理，不仅能够为客户提供出色的运营解决方案，还能管理干劲十足、勇于进取的团队，比如（填写目标与实现目标的时间）。我的收入为……

目标：

实现目标的步骤：
1.
2.
3.
4.
5.
6.
7.
8.

阶段性目标：
1.
2.
3.
4.

实现目标后我将如何庆祝

签名 _____
日期 _____

3. 拆分目标

这是什么

现实中不能实现目标的人并不少见。无法实现目标的人，可能是因为他们为自己设定了错误的目标、个人缺乏信念（既包括对目标也包括对个人实现目标的能力），又或者缺乏动力——也许他们实现目标的欲望并没有自己认为的那么强烈。

有时人们只是对实现目标的速度感到失望而已。像减肥这种目标就是典型例子，客户最初进展得很顺利，随后又因各种理由不能坚持自己设定的减肥计划，体重出现波动。他们越来越担心不能实现目标，而这会阻止他们进行理性思考。

作用是什么

这个工具可以帮助客户反思他们已经完成的目标，了解取得成功的关键因素，从而确定哪些因素能够帮助他们实现眼前的目标。

何时使用

当客户出现"战斗疲劳"或者对实现目标持负面想法时，这个工具的效果最为明显。也许客户设定的目标在那时给他们的感觉过于宏大、难以实现，作为教练，你需要提醒客户，他们过去实现目标时曾经获得过怎样额外的动力，以此鼓励他们继续向目标迈进。

使用流程是什么

要求客户回想一个他们曾经实现的、真正让自己感到满意和高兴的目标。鼓励他们勾勒出取得成功过程中的每一个细节，描绘出他们实现目标时的内心感受。

仔细考虑有助于实现目标的所有资源，这既可以是个人拥有的资源，也可以是他人提供的人力资源或者物质资源。客户发现了哪些可学习的要点？他们会采取哪些不一样的做法吗？你要确保这是一段深度的反思，是一次积极的学习经历。再次询问客户，他们如何才能获得这些资源和可学习的要点，从而帮助自己实现当下的目标。现在，客户或许想再次回到前面的"目标设定"环节完善计划。

4. 空间行动计划

这是什么

在教练工作中，"空间"是一个威力巨大的工具。有时，人们会执着于消极思维，当思考与策划解决方案时所处的空间与讨论问题时所处空间相同时尤其如此。将他们带到房间里的另一个空间有助于减小上述影响，客户可因此积极地思考解决方案。邀请他人前往房间里的不同空间时，你可以观察到人们的心理如何发生改变，他们"象征性"地将消极情绪留在了上一个空间。

作用是什么

图 3-1 是一个简单的工具，可用于目标形象化及策划目标实现流程。在实现目标的过程中，针对不同的阶段性目标，这个工具将使用不同的空间。可以将图 3-1 看作一个房间中的不同空间区域，在现实中带领客户在不同空间中移动。这种方法可以激发客户真正的创造性思维。

何时使用

一对一和团队培训都可以使用空间行动计划。这个工具在团队设置远大目标或者启动一项重大工程时会起到很好的效果。

使用流程是什么

以时间线的形式向客户展示这个概念。询问他们，愿意看到未来在前、过去在后，还是愿意看到未来在房间中自己的右手边、过去在左手边。让他们明白，这里的答案没有对错之分。无论什么样的回答都是正确的。

确定未来所在的位置后，与客户一起走到那个位置。询问他们，已经站在了未来的位置、取得成功后，他们有怎样的感受。鼓励客户描述细节，将他们看到、听到、感受到的一切都告知你。

随后再引领客户走回代表现状的空间位置，再次让他们详细描述当下存在的问题。再引领客户走到中间位置，要求他们描述出任务完成一半时的情况。

接着，你要鼓励客户走向中间点两边的任意方向，进而明确实现目标所需的步骤与行动。客户边说你边做记录，并经常做总结与复述。

当教练课程结束时，你需要拿出一份框架严谨的行动计划。如果培训的是一个团队，则要为时间线的每一部分单独绘制配图，以便团队随时回顾并添加内容。便笺在这里是非常好用的工具，你和客户可以随时复核并在时间线上移动便笺，直到形成最终计划。

小提示

鼓励客户在每一个环节调动身体的全部感官。

不要急于完成任何环节。如果客户在行动步骤方面陷入停滞，你要提醒他们关注最终目标。必要时，带领他们进入代表未来的空间，让他们再次感受实现目标的喜悦。

用语言或姿势向客户表明，他们已经将曾经实现过的阶段性目标甩在了身后。

可问的有用问题

如果你取得了成功，你会看到、听到、感受到什么？

还会发生什么情况？

其他人会说什么？

你会注意到哪些区别？

所需时间

45 分钟。

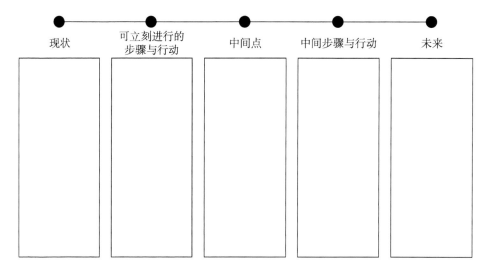

图 3-1　空间行动计划

5. 目标形象化

这是什么

研究显示，当我们想象某个事物时，大脑中的某个部分会被激活，使我们会认为自己真正经历了那个场景。因此，"形象化"是确保人们提高自信、做好心理准备的关键环节。我们自己可能没有意识到，我们在一天中会自然而然地多次进入"神游"的状态，而精神放松时"形象化"能起到最好的效果。大脑放松时，无意识思维将接管我们的大脑，信息将被储存在易于获取的位置。人们越是想象成功的样子，就越有可能在现实环境中复制这种成功。

作用是什么

当客户明确了目标，愿意采用某种方法提升自己，调动潜意识开发自己拥有的所有资源为自己规划未来时，这个工具能起到非常好的效果。

何时使用

当客户确定了希望实现的目标，需要从外部获得更多的信心帮助他们实现目标时，就是使用这个工具的最佳时机。

使用流程是什么

教练要确保客户了解结果或目标，明确知道实现目标的状态。

做出解释，告诉客户"放松心态、想象实现目标的样子"能起到很好的作用。

观察客户的舒适状态。他们放松吗？要保证他们舒服地坐着，手臂和腿不要交叉在一起。如有可能，调暗灯光，尽量减少可能导致客户分心的因素。

教练要用舒缓的语调读出客户想象的内容，必要时可以即兴发挥。

在教练课程最后，可以让客户逐渐地恢复到清醒状态。

鼓励客户定期复述自己的想象——复述的频率越高，他们就越能快速地想起对应画面。如果每周能够抽出一晚，在睡觉前放松的状态下进行细节分明的想象，客户就会发现，自己能够在很多时候回忆起想象的所有内容，比如坐地铁时或者工作间歇时。

小提示

尽量提前熟悉行动计划，不要让自己产生不适应的感觉。首先，要与客户建立融洽的关系。向客户解释这种受引导的想象的目的，比如激活大脑的某个部分，让他们相信自己完全能够做好某件事。不要小看含糊语言的重要作用。含糊的语言可以激发人们的潜意识，而直白的问题只能触及有意识思维，这会阻碍想象力的发挥。

客户完成想象后，不要急于和他们对话，也不要大声说话，可以问与他们的想象内容相关的问题。身为教练，你要让他们以自己的方式自然地学习。

可问的有用问题

你只需要问客户："你的想象是否足够？日后能否再次想起？"如果你询问客户具体想到了什么，既不合适也没有用。

所需时间

15 ～ 20 分钟。

目标形象化行动计划

以下是一份基础版的行动计划，你可以在其中添加任何能够帮助客户完成目标形象化的信息（括号中的信息为指示，不是行动计划的组成部分）。

闭上眼睛，放松，慢慢地做深呼吸。

关注自己呼吸的声音和感觉。**（让对方至少呼吸 6 次）**

吸气时，想象积极的色彩；呼气时，想象另一种色彩。**（让对方至少呼吸 3 次）**

现在，放松眼睛周围的肌肉。**（为客户留出足够时间，在进行下一步前保证他们进入彻底放松状态，这一点可以通过观察他们的呼吸来决定是否继续）**

现在，将注意力集中到你对自己的人生及理想状态的设想上。

每天早上睡醒时，你希望自己的人生是什么样的？

从现实角度思考，你需要多久才能实现这个状态？三个月？六个月？一年还是两年？

（暂停一会儿）

无论设想的时间是多长，在大脑中快进，想象一下实现目标后每天早上睡醒后的人生状态是什么样的。

你通过看到、听到、感受到什么才能让自己知道已经实现了目标？依据是什么？想象一个彩色的 3D 形象，仿佛身临其境一样用自己的眼睛认真观察。观察这个形象中的明暗、光影及颜色的深浅，再观察这个形象的大小。背景、中景和前景分别是什么？

能够清晰地描绘出自己看到或感受到的事物。

（如果知道客户的目标是什么，你可以在这里进行描述。随后再次停顿）

现在加入声音。你会听到什么？有人在说话，还是其他声音？

声音的大小、音调、节奏和韵律是怎样的？

这些声音来自哪个方向？

你能听到自己心中的对话吗？你在对自己说什么？

和自己说话时，你的语调如何？是兴奋还是在祝贺？还是因为实现了目标你对自己充满敬佩？

（暂停）

看到未来的自己感觉如何？

你是如何站立、坐下、走进房间并微笑的？

你的胃部、胸口与肌肉的感觉如何？

你是昂头还是低头？是怎样说话的？

现在你的人生是什么样的？

（暂停）

做出改变后，尽可能调动一切感官，重新认识自己现在的人生。

（暂停）

现在，再次快进——人生又过了六个月。

你的梦想已经实现了六个月，现在的感觉如何？

回顾六个月前，当意识到自己实现了目标时，你的感受如何？

回到现在，回想一下今天的教练课程开始前你能想到的所有障碍，以未来的某个时间点来看会是什么样的？

睁开眼睛时，你会产生焕然一新的感觉，并做好了实现目标的准备。

第四章

解决问题

——探索解决方案、创造积极选择的工具

1. 逻辑层级

这是什么

当个人、机构或团队希望实现某个目标时，成功与否会受到很多因素影响。这个工具（表 4-1）能够让你了解在实现目标的过程中存在哪种障碍。为了清除这一障碍，人们有时需要探索之前没有考虑过的选择。人们有时并不知道存在障碍，他们只是表现为对目标抱有矛盾心理。这个工具能让客户自然而然地（很多时候会以非常意外的方式）发现障碍。

作用是什么

这个实用性极强的模型源自罗伯特·蒂尔茨的工作成果，并在 NLP 得到了广泛使用。这个模型既能调动人们的潜意识，也能调动有意识思维。这个工具的用途十分广泛，无论对个人还是团队都能起到非常好的效果。这个工具适用于任何有意确定未来、对现状拥有不确定感，或者在做决定时遇到阻碍的人。

何时使用

当客户对未来不确定，或者表示他们想象不到未来时，你就可以使用这个工具。

使用流程是什么

如果你的客户是一个希望实现某个目标的团队，身为教练，你可以分别在纸板上写下六个层级的标题（环境、行为、能力 / 技能、价值观与信念、身份、设想），并在房间里进行展示。让团队成员互相传递纸板，每个人都在不同主题下独立写出心里的想法。

此外，你也可以在一张纸上写下所有六个层级的标题，或者将这些标题分别写在 6 块木板上，将木板放在房间地板的不同位置，每一块木板之间要留出足够空间。

帮助客户放松，让他们感到轻松自如。邀请他们站在第一层级，也就是"环境"上。

让客户在不同层级间移动，在每一层级询问非直接性的问题，比如"还有什么"或者"有什么要补充的"。尽可能详细地记录下所有细节，保证自己逐字逐句地记录了客户说过的每句话，但不要对他们说过的话进行解读，只要记录即可。

客户进入每一个层级时，向他们提出以下问题：

- "什么让你感到意外？"
- "对你来说，最有意义的是什么？"

在对以上问题进行宽泛讨论后，你要开始引导客户对每个层级进行详细讨论，并对客户在相应层级说过的话提出反馈意见，随后向客户解释他们所说的每句话的具体含义。

询问客户："听完我的解释后你想做什么？"随后与他们一起制订行动计划。

小提示

提前告诉客户，你是有意提出含糊的问题的，无论他们怎样回答都是正确的。

确保拥有足够的空间，能够让客户舒服地在不同层级间自由移动。站在他们身后，避免打乱他们的思绪。留出足够时间，不要急于让他们进入下一层级。如果客户在某个层级出现了情绪波动，不要感到意外。这是因为当客户发现了实现目标的障碍时，有可能会触发他们某些意外的感受。

进入下一层级前要暂停一下。你要询问客户："还有什么要补充的吗？"再次停顿，确保客户不会再添加新的信息。有时，人们希望在制订行动计划前先解决好现有问题，并进行反思。

所需时间

使用这个工具大约需要 45 分钟。这个环节也可以在 20 分钟内完成，但在后面的教练课程中需要进行跟踪回访。

可问的有用问题

可以提出任何与客户所在层级有关的非直接性问题（你可以在表 4-1 中找到例子）。如果客户听到的问题过于强调细节，他们的思路可能会被打断。

额外信息

客户有时会希望回到上一层级。这个时候你要支持他们的选择，新的、有价值的信息可能因此出现。

表 4-1　逻辑层级

层级	问题	概念	笔记
环境	• 你的障碍出现在哪里 • 你的机会是什么？出现在哪里	• 哪里会发生事情 • 何时会发生事情 • 周围的环境有哪些方面对你形成了障碍 • 周围的环境有哪些方面对你提供了帮助	
行为	• 哪些特定行为能够支持你 • 哪些行为不能支持你 • 在行为的问题上你还有什么要补充的吗	• 我在做什么 • 其他人在做什么	
能力/技能	• 你拥有什么资源 • 什么样的策略能帮助你	• 我是怎样做事的 • 我能做什么	
价值观与信念	• 你的动力是什么 • 你对其他人有什么看法 • 对你来说重要的是什么 • 在价值观和信念的问题上你还有什么要补充的吗	• 我的信念是什么？为什么会有这样的信念	
身份	• 你是谁 • 你还是谁 • 你还有其他角色吗 • 你的目标或使命是什么 • 在身份的问题上你还有什么要补充的吗	• 我为什么会在这里 • 这一切对我的意义是什么	
设想	• 你能看到怎样的未来？对未来有怎样的感受 • 你还有什么要补充的吗	• 我如何与未来建立联系 • 我的前进方向是什么	

感谢罗伯特·蒂尔茨。

2. 积极的问题解决模型（换一种表述方式）

这是什么

当人们遇到问题时，很容易陷入消极的问题解决思维框架中。越是不断谈论问题和解决问题的难度，人们就越难以进入问题解决模式。有时你会发现，即便要求客户确定问题的解决方案，他们仍会反复谈论问题，他们仿佛已经彻底陷入问题之中，无法退一步看清全局。但为了找到解决方案，他们必须采用更积极的应对方式，也就是转化为"获取结果"的思维方式。这能帮助他们更多地从结果出发，尽快成为以结果为导向的人。

作用是什么

表 4-2 的框架可以确保客户进入"获取解决方案"的模式。练习开始前你需要明确告诉客户，他们只会在有限的时间内谈论问题，随后会迅速进入"结果框架"。

何时使用

当客户陷入停滞、只关注目标而没有思考解决方案时，都可以使用这个工具。这个工具适用于大多数虽然已存在明确结果但具体结果尚未得到客户确认的问题。

使用流程是什么

告诉客户，他们留给"问题"的时间很短（不超过 7 分钟），你会鼓励他们迅速思考解决方案。

根据表 4-2 列出的问题进行提问，记录客户的回答。告诉客户你要转换话题，进入"结果框架"。

现在，提出与结果相关的问题，记录客户的回答。如果客户提出不止一个解决方案，你可以使用便笺做记录，以便后续整理。

当客户回答完所有与结果有关的问题后，要求他们反思自己所有的回答，观察从问题和结果这两个不同角度做出回答时的区别究竟有多大。引领客户进入行动计划环节，帮助他们完成行动计划。

小提示

对模型进行试验，观察客户在讨论问题或关注结果时情绪会出现哪些变化。

所需时间

20 分钟，最多只能用 7 分钟讨论问题，剩余时间均用来讨论结果。

表 4-2 积极的问题解决模型

问题框架	结果框架
问题是什么	你想要得到怎样的结果
这个问题成为问题已经有多长时间了	你如何知道自己获得了这样的结果
这个问题最糟糕的一点是什么	你能想到哪些潜在解决方案

（续表）

问题框架	结果框架
问题出现的频率有多高	为了获得想要的结果，你需要哪些资源
出现问题是谁的错	你拥有哪些有助于获得上述结果的资源
到目前为止是什么原因导致你没有解决这个问题	如何获得所需的额外资源
解决这个问题对你而言最大的障碍是什么	面对与此类似的问题，你过去取得过哪些成功
这个问题让你产生了怎样的感受？看到、听到、想到了什么	下一步需要采取哪些行动

3. 问题展示图

这是什么

任何问题都不像表面上那么简单。作为教练，我们越是深入研究，就越会发现问题的复杂性，而"复杂"正是教练工作的关键，如果总是停留在表面，那么教练为客户提供的帮助也不会为他们带来实质性的变化。试图解决一个问题时，我们经常陷入自己的角度而不可自拔。面对一个问题时，最好的办法是从多个角度出发，想方设法找到问题的核心，确保能够一次性彻底解决问题。

根据图 4-1，当我们从不同角度看待一个问题时，就能获得新的想法与创意，进而确定实现目标的方法。这个工具可以帮助客户形象地绘制出从不同角度看待问题后形成的图像，它是一个简单好用的手写工具，鼓励客户从不同角度看待问题，最后形成一个形象的展示图，帮助客户进行决策。

作用是什么

一些人认为，如果能将头脑风暴可视化，就能帮助他们更轻松地解决问题，这也是记录想法与建议能够起到很大作用的原因。

图 4-1 可以激发人们在选择解决方案前进行全面且随机的头脑风暴，根据过往经历、对未来的期望、相似问题及过去遇到的障碍提出各类问题，帮助客户实现目标（从不同角度绘制出问题展示图有助于预测未来可能出现的障碍）。

何时使用

当客户表现出迷茫或者精神不集中的状态时就可以使用；当你预测未来可能遇

到障碍、需要讨论如何清除障碍时，这个工具尤其值得拿出来使用。

使用流程是什么

四个箭头分别代表聚焦未来、当前现状、聚焦过往、关注对比。你要让客户用现在时写下目标或渴望的解决方案，比如"我希望……"

现在，要求客户画出四个箭头图。首先是"聚焦未来"，提出一些问题，鼓励客户认真填写完每一部分的内容。如果他们在其中一部分陷入停滞，就指导他们进入下一个环节。填写完所有四个部分的内容后，留出时间让客户检查并反思。用"还有什么吗"这样的提问方式，温和地追问。这能让他们随机的潜意识想法浮出水面。

鼓励客户想办法清除"聚焦过往"中提到的那些障碍。当他们遇到难度较大的障碍时，哪些资源为他们提供了帮助？过去是什么阻止他们取得进展？他们如何确保同样的问题在未来不会再拖自己的后腿？

现在，让客户思考现状。目前有什么可供他们使用的资源？财务状况如何？他们还能想到与这个问题有关的其他问题吗？让他们从积极角度思考自己正在用什么样的方法解决这个问题？他们拥有哪些能够在未来使用的资源？

使用上述四部分提到的所有资料，完成行动计划。

小提示

不要强迫客户回答四部分中的任何一部分——他们肯定会重点回答其中某些部分。

如果客户没有任何想法，你需要引导他们不断思考，让他们充分发挥自己的创造力。

所需时间

30分钟。如果需要使用制约信念工具，需要再增加20分钟。

图 4-1　问题展示图

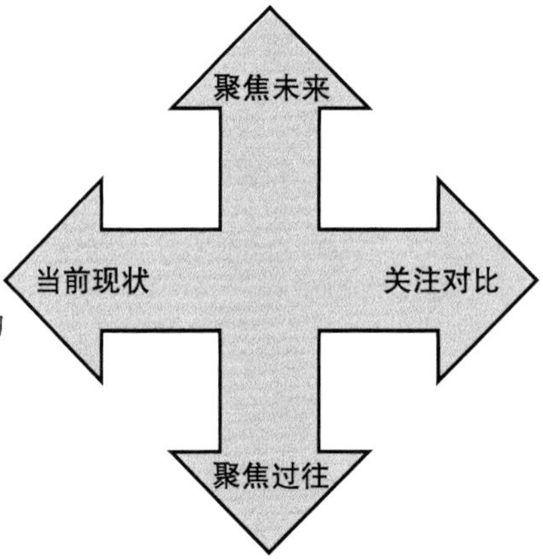

第五章

价值观与信念

——发掘行为背后的动力的工具

1. 内心矛盾协调

这是什么

人们有时会出现矛盾心理，这是一种与自我的矛盾对立。例如，他们知道自己该做某事，但内心却在阻止他们采取行动。你能经常听到他们说："我内心的一部分心理不断在劝我离开这里、重新找份新工作，但另一部分心理又劝我不要就这样被轻易打败。"也许外部证据都表明他们拥有足够的能力，但内在的拘谨却在打击他们的自信，进而影响到他们的工作表现。这就是矛盾心理。

作用是什么

应对矛盾心理的关键，就是鼓励个人与周围场景及个人行为相分离，这样他们才能理性地讨论问题并确定后续行为方式。

何时使用

当有人说出"一部分的我想要"或者"一部分的我不想要"这样的话时，这个工具就能派上用场。当内心矛盾阻止一个人做出决定时，这个工具也能起到非常显著的效果。

我们在这里可以举出很多例子，比如一个人没有足够自信与客户谈论某款产品，或者不敢和高级主管讨论某个战略；又比如一个人明明对相关领域有着充分的了解，却仍然没有信心回答问题；再比如一个人有心尝试新鲜事物但又担心造成损失。

使用流程是什么

第一步：将自己各部分的心理整合在一起。

要求客户确定矛盾点，通过提出"这部分心理想要什么"的问题，让他们明确区分自己两部分的心理有何不同。

你要让客户象征性地一手拿起一个部分。教练伸出自己的手，手掌向上做出演示，这有助于客户理解相关做法。让客户将每部分的心理想象成一个画面，接着询问："每个部分的形状、质感和声音分别是什么？"再问："每一部分有多重？给你的感觉如何？"他们越能明确区分每部分的心理，解决矛盾时就越知道自己该怎样做。

提醒客户关注每部分心理的需求，比如你可以说："这部分（左手部分）的心理不断在说'你应该再找一份工作，远离你认为经常欺负你的上司'。而另一部分（右手部分）的心理不断在说'你该站出来直面上司，曝光他的所作所为'。"

让自己心理的两部分协商解决分歧。每一部分拥有哪些资源？是否能够帮助另一部分？两部分心理拥有哪些共同的理念？

建议两部分逐渐接近，直到两个手掌合在一起。询问客户，现在他们想采用哪些解决方案。留出时间了解他们是否有自信心。

第二步：规划未来。

鼓励客户对未来的行为做出规划，让他们倾听自己内心的声音，你可以询问客户，现在是否感觉内心的想法更统一了。作为教练，你还要了解是否需要进一步提升客户的自信心和信念。

小提示

尽管这个工具看上去有点奇怪，但人们其实很愿意做出尝试。要求对方的两部分心理进行协商时，你需要很有自信地说出"和某部分心理展开对话"这样的话。

如果客户不能对两部分的心理描述出具体形象，你需要保持耐心，确保自己为客户留出了足够的时间去倾听自己内心的声音。当客户说出他们对每个部分的想象内容后，不管听起来多么古怪，也要表现出你的支持态度。记住，这是他们的形象化思维，是他们对矛盾的描述方式。

可问的有用问题

这个矛盾最初是在哪里出现的？

这个矛盾以什么形式阻碍你前进？

这个矛盾对你有什么好处？

这部分心理可能存在的积极意图是什么？

如何用不同的方式满足这个积极意图？

解决了心中的矛盾，情况会出现怎样的改善？

心中的这个矛盾，能够带来的最好结果是什么？

所需时间

最多 45 分钟。

2. 帮助他人减压

这是什么

在当今世界，过大的压力已经成为让人难以忽视的问题。每个企业管理者都明白，他们有义务关心自己的员工。帮助那些声称自己承受重压的人具有重要意义。但"压力"和"重压"之间存在区别，我们有必要确定客户遇到的究竟是哪种问题。压力是指任务和最后期限比人们希望得更为严格，所以他们必须超过自己预想中的承受范围工作更长时间或者更加努力地工作。一般来说，这是临时现象。压力可以产生积极作用，激发出人们更大的创造力。可当人们承受重压时，他们会表现出一些危及健康的生理现象，比如焦虑、抑郁、饮食不平衡或酗酒、睡眠不足、恶心或者皮肤出现问题等。重压的根源有很多，比如感觉局面失控、缺乏自信。工作环境中遭遇欺凌也会导致人们承受重压。这个工具能够帮助那些承受重压的人们。

作用是什么

这个工具可以指导教练应对承受重压的客户，与他们商讨控制压力的方案。当客户承受重压时，通常需要不止一种方案才能应对整个局面。因此，有必要讨论多种方案，只有如此，客户才会感到自己做好了准备、有信心应对困难局面。

何时使用

当你与客户讨论哪些方案和做法有助于减压时，这个工具就能派上用场。这个工具对那些在家庭与工作中难以找到平衡的人尤其有效，这样的人对抽时间陪家人或者休息充满罪恶感。鼓励客户详细讨论所有重要内容，完成后续的练习将会帮助他们重新找到平衡。

使用流程是什么

第一部分

对下列每一部分进行讨论，确定客户哪些地方需要进行改善。

为自己留出时间

重压是一种无时无刻、无处不在的问题，所以每天为自己留出一定的放松时间、保证精神和身体的健康就变得至关重要。首先，可以一天 2 次、每次抽出 10 分钟时间关注自己，设想未来的成功。可以用听轻松音乐的方式放松自己，关注自己的呼吸并将自己想象成自己理想中的模样。当你意识到为自己留出时间能够帮助自己更好地工作与生活时，你就可以心安理得地为自己留出更多的时间。

尊重自己

如果你总是贬低自己，认为自己不配得到幸福、成功或爱，那么你成功的概率也会降低。

新的一天开始了，当你准备面对日常繁重的工作时，抽出一些时间，在精神上不断给予自己肯定。有可能的话，大声对自己说："我配得上我所拥有的一切，我要接受真正的自己！"

受到赞扬时，要大方地接受。一句"谢谢"足矣。随着其他人对待你的态度发生变化，你的自尊心也会得到提高。

避免产生罪恶感

有时我们觉得自己需要满足他人的需求，这样才不会让别人失望。大多数时候，这会给我们自己带来额外的压力。

不论对自己还是周围的人，罪恶感都是一种需要打破的习惯。因为当你感到满足、有掌控感时，你就能做出更多贡献。

当其他人要求你帮忙，而帮这个忙可能会使你筋疲力尽而且你又不知道该怎样拒绝时，你要学会以更坚决的态度回绝对方。记住，你拒绝的是"对方要你帮忙"这件事而已，而不是拒绝这个人。记住，自己的需求和他人的需求一样重要。

练习"继续前进"的能力

有些人会因为自己不如其他人优秀而感到压力很大。他们关注的是自己的不足，这会导致他们丧失自信。

世界上不存在完美的人。那些呈现出完美形象的人只不过是优秀的演员！

不要因为能力上的缺陷或弱点而惩罚自己。接受现实，你只要通过不断学习来提高自己就足够了。如果某一天你过得很不顺心，就把这一天抛在脑后，重新开始。否则，你只会给自己带来更大的伤害。

让生活重新充满乐趣

你上一次只为自己做某些事或者做一些自己喜欢的事，能追溯到什么时候？有些人可能想都想不起来了。他们总是说："等有时间了我一定再去……（健身房等）。"

将自己喜欢做的但又做得不够的事情列一份清单，发誓每周完成其中的一件。它既可以是在花园里轻轻松松地做园艺，也可以是去逛古董店或者去健身、做美容，或者和朋友聊天。

从大局出发看待问题

如果现实给你带来了巨大压力，比如因为担心演讲而失眠，这时你需要从大局出发看待这个问题。你可以用以下方式进行思考：

● 如果在演讲中忘词，你是否有家可回？

- 有没有关心你的家人？
- 还有没有财富和健康？

显然，以上那些你都不会失去，所以情况究竟能有多糟糕呢？这种方法能够帮助你站在大局上看待那些让你感到压力的问题。

照顾好自己的身体

在重压的状态下，人们经常会做一些有损身体健康的行为，比如抽烟、喝酒或者暴饮暴食。实际上，这些做法反而会增加压力。健康饮食、合适的锻炼和增加睡眠时间，这些都有助于人们站在更宏观的角度思考问题。所以，要思考如何调整生活方式，确保自己拥有足够的能量对抗重压。

第二部分

与客户一起完成表 5-1，鼓励他们留出足够的时间填写全部内容，让他们记录任何可能对自己有用的方案。接下来让他们填写"未来事项"部分，在下一次与客户见面时一起讨论，共同反思。

小提示

教练要注意，有些回答可能与客户有着极深的渊源，有可能引发情绪上的波动。每个人都是截然不同的个体，你如果能够以积极、赋予对方力量的方式与客户合作，就能帮助他们找到问题的根源，帮助他们减小压力。

你要确保在自己的专业能力范围内为客户提供帮助。如果客户表现出压力极大甚至抑郁的状态，你应该建议他们找医生咨询。这时，你的工作就是要做好跟踪回访，确保客户真的去找医生进行过咨询。

所需时间

20 分钟。

表 5-1　减压行动表

抽出时间，完成以下练习。

我喜欢做的事	上一次做这件事是什么时候	我计划什么时候做这件事

我喜欢做的事	上一次做这件事是什么时候	我计划什么时候做这件事

我将采用的管控重压状态的其他方案
未来事项
为自己留出一些时间后，我有怎样的感受和想法
这种做法带来了哪些影响

3. 改变消极思维模式

这是什么

客户总会出现陷入消极思维的情况。表 5-2 中的调查问卷提出了一些尖锐的问题，可以帮助他们迅速进入积极思维模式。

作用是什么

这个工具关注的是客户为最坏情况制订计划并控制局面发展的能力，这个工具也能帮助客户重回现实。当客户因为某个行动或承担某个特定任务而产生焦虑和担忧情绪时，这个工具能起到十分理想的效果。

何时使用

如果感觉到客户因为恐惧而无法行动，教练就可以使用这个工具。很多时候，阻碍客户取得进展的原因就是他们对结果抱有恐惧心理。这个工具可以让他们以结构化的方式了解结果并思考选择。客户可能遇到了以下典型情况：

- 与团队成员的会谈极其艰难；
- 与上司的会谈极其艰难；
- 展示或演讲；
- 面临审查。

使用流程是什么

使用这个工具的流程非常直接，让客户根据问题列表写下答案。由教练记下答案效果将更好，这能为客户留出更多的思考时间。

按顺序回答从 1 到 6 的问题。到问题 7 时，让客户想象自己身处问题已经得到解决的未来。让他们描述自己正在做什么、听到了或看到了什么能让他们知道问题已经解决。这种做法名为"聚焦未来"。要求客户描述未来场景，观察他们的肢体语言、语调、表情变化等，以确定他们是否真正做出了改变。如果感觉他们仍处于消极思维模式，那就重复这个步骤。

小提示

一次解决一个问题。如果客户担忧的问题不止一个，还是要一次解决一个问题，每个问题都要完整地进行一遍流程。

让客户快速问答才能发挥出这个工具的最好效果。作为教练，你需要深入客户的无意识思维，找到阻碍他们前进的真正原因。

"未来测试"是考察客户积极思维程度的好方法。课程开始时，你可以要求客户从 1 到 10 对自己的焦虑和担忧程度做出评分。完成"未来测试"后再次让客户做出评分，以此评估他们的进展。即使评分没有出现太大变化，你也能知道是否有必要重复这个练习。

形象化或换一种表达方式有助于强化积极思维。

如果未来可能存在引发焦虑的情况，那么你可以为客户提供更多的表格，供他们在教练课程以外的时间使用。

所需时间

10 ～ 30 分钟。

表 5-2　改变消极思维模式的调查问卷

改变消极思维模式的调查问卷
（1）是什么导致你焦虑、担忧？做出具体说明
（2）描述可能发生的最糟糕的事情
（3）这个事情比生命遇到威胁还严重吗
（4）如果发生了最糟糕的事情，你会怎样解决
（5）为了摆脱最坏局面，列出你要采取的具体行动

（续表）

改变消极思维模式的调查问卷
（6）如果准备采取这些行动，你认为会产生什么结果
（7）未来测试。如果产生任何与未来有关的想法，请用语言描述出来
额外问题： • 做这件事或者说出这些话后，可能出现的最坏情况是什么 • 你有哪些证据 • 这个回答的逻辑是什么 • 如果没有行动，可能出现的最坏情况是什么 • 你可能因此失去什么 • 你可能从中获得什么 • 从这段经历中你能学到什么

4. 确定价值观

这是什么

价值观是一个人对自己的定位，它明确了一个人最看重的是什么。让客户明确自己的价值观，他们因此能更清楚地了解自身行为背后的动力，以及为什么有时候会感到自己与周围环境格格不入。这个工具提供了一个帮助客户建立核心价值观的简单方法。很多教练采用这个方法，一是因为简单好用，二是能够在日后成为探讨某些可能阻碍客户发展的话题的出发点。

随着人生进入不同阶段，客户对价值观的优先排序也会出现变化；一些非核心价值观可能也会发生改变。但客户行为背后的核心价值观并不会随时间变化而改变，价值观优先排序工具可以帮助你确定客户最重视的价值观是什么。

表5-3列出的价值观不可能包罗万象，你可能认为某些价值观也应当列入其中。你可以在其中加入任何内容。与此类似，客户可能也会有想补充的内容。你可以在空格中填入在教练课程中发现的重要内容。

作用是什么

确定客户的价值观不仅有助于教练理解客户最看重的东西，而且也能帮助教练了解未来在哪些领域可能与客户的价值观出现偏差。作为教练，这一点非常重要。如果你的价值观与客户截然相反，而为了建立融洽的关系，你必须学会理解对方的观点。

如果你与客户的价值观恰好相反，你需要考虑，最合适的解决方法是不是引入其他教练。这个工具不仅能帮助教练与客户双方，也能确定如何为客户搭配合适的教练。

了解客户的价值观同样有助于理解他们追求的目标或结果是否适合他们。确定了价值观，也能确定目标的来源：究竟是客户还是其他人为他设定了这个目标？如果目标是其他人设定的，客户是否有改变目标的权力？客户在改变目标上究竟能做到什么程度？这对于那些面向企业客户的教练尤其重要，因为教练在这里面对的是企业、客户和教练三方的关系。在客户价值观与教练目标完全不一致的情况下，应尽早与企业及客户展开讨论，确定教练能在多大程度上做出改变，这是不可缺少的一环。

了解客户的价值观，相当于了解了他们的本质。如果你想让自己得到他们的认可，那么被人听到、被人理解就至关重要。建立融洽的教练受训关系，重点就是认可客户的本质。

何时使用

有些教练会在课程开始前使用这个工具，以期在正式工作开始前了解潜在客户。我们建议，为了获得前面提到的收益，这个工具最好在确立教练受训关系的初期使用。

与客户建立融洽的关系并不存在固定、快速的方法，只能通过长时间的努力。一些客户可能因为过往经历，不愿对陌生人袒露心声，也不愿相信不认识的人，只有更多的互动交流才能解除他们的防御心理。另外还需注意的是，一些客户可能从未反思过自己的价值观，所以他们在明确表达内心深处的想法时会遇到困难。

理想状态下，如果教练和客户都能理解并坦率地说出自己的行为动力与价值观，教练课程就能更为顺畅地进行，双方也能更轻松地制订出有利于实现目标的计划。

使用流程是什么

你可以发挥创造力，按照客户的意愿引导他们说出自己的价值观。我们建议你按照以下方式使用这个工具。

要求客户写下让他们感到心平气和、身心放松的场景。在他们回忆时，让他们记录自己当时在做什么、和谁在一起及当时的感受。要求客户根据自身意愿，既可以多写，也可以少写。重要的是，他们要尽可能从细节上回忆当时的情形。

完成上述内容后，让他们检查写下的内容。要求他们关注其中一些场景或者全部场景中是否存在共同点。利用这个工具中的价值观列表，让他们选择哪些价值观最常见。

以上工作完成后，客户可能已经明确了 10～12 个价值观。如果数量超过 10 个，你需要和他们探讨哪些价值观具有重要的意义。他们确定的可能是同一价值观的不同组成部分。确定不同定义背后共同的价值观。使用这个工具的目的就是确定客户心中最重要的 10 个价值观。

小提示

为客户留出充足的时间，让他们写下回忆的场景。告诉他们，要用好这些随时能够记起的回忆。之所以能立刻想起这些场景，就是因为这些场景对他们具有很重要的意义。

要求客户自由地记录自己的想法，不要去评判自己写了什么。如果回忆不起来任何场景，也要让他们准确记录想法，即便只是"我想不出来任何可写的东西"。最终，他们都能打开潜意识中的某段记忆。

填写完表格后，向客户提出以下问题，帮助他们更深入地了解价值观，丰富他们回忆的内容，让他们真正了解这些价值观的重要意义。

- 对你来说哪个行为最重要？
- 激励你的是什么？
- 你真正想要的是什么？
- 刺激你起床开始每一天的动力是什么？
- 你真正喜欢做的是什么？
- 你愿意将整个人生奉献给什么？
- 生命结束时，你会为什么而骄傲？（例如，为自己做过的事、取得的成就或自己的为人而骄傲）
- 什么能够带给你满足感？
- 什么会使你愤怒？
- 其他人注意到了你的哪些特质？

你可能需要与客户深入探讨他们确定的价值观的重要性，以及这些价值观的真正根源。

所需时间

取决于客户，客户需要 30～60 分钟才能确定真正能够代表自己的 10 个价值观。表 5-3 列出的价值观有助于客户确定自己的想法。

表 5-3　价值观列表

价值观	是 / 否	价值观	是 / 否	价值观	是 / 否
接纳度		反馈		秩序	
成就		自由		个人发展	
发展晋升		友谊		愉悦	
冒险		乐趣		权力	
喜爱		优雅		赞扬	
自主性		和谐		问题解决	
美感		健康		认可	
关爱		帮助他人		责任感	
挑战		诚实		安全感	
改变		幽默		保障	
竞争		独立		自我发展	
控制		内心和谐 / 平和		自我实现	
合作		创新		尊重自己	
勇气		正直		有信仰	
创造力		发明		成功	
尊严		参与感		信任	
经济保障		快乐		真相	
高雅		公正		独特	
卓越		领导力		发挥我的能力	
兴奋		学习		活力	
专业性		爱		财富	
公平		忠诚		智慧	
名誉		抚育		热情	
家庭					

5. 价值观优先排序

这是什么

确定客户的价值观后，接下来就需要了解他们对每个价值观的优先排序，确定他们的核心价值观。这个工具是前面介绍过的价值观列表的延伸，它能够帮助客户确定对他们来说最为重要的价值观。

作用是什么

理解客户为每个价值观赋予的重要意义，意味着在价值观的问题上遇到障碍时，客户会通过优先排序确定障碍背后暗含的价值观因素，随后采取相应的行动。这是一种额外的信息，使客户能够理解自己如何及为什么做出某些决定。他们也因此可以理解为什么遇到某事会出现不适感（见表 5-4 和表 5-5）。

在教练受训关系中，对价值观进行优先排序可以帮助教练和客户理解行为背后的成因，以及刺激这些行为产生的根源。例如，某件事让你生气或许是因为违背了你的价值观。理解这个道理后，你就能知道这种生气的情绪在当时的环境下是否有用、是否合适。在面对拥有强烈情绪反应的客户时，这个工具尤其有效，并且还能帮助他们在未来不违背自身价值观的前提下做出不一样的选择。与此同时，这个工具也能帮助那些冷静、自控力很强的客户，他们会提出自己缺乏某些能力，说出自己的看法及与他人的关系。通过讨论如何保持价值观不受损害，客户就能学会在不冒犯对方价值观的前提下与他人互动。

这个简单的工具拥有很大的作用。我们还可以从其他角度理解价值观优先排序对教练工作的帮助作用，这些均源自我们使用这个工具的经历。教练与客户不只是合作关系，教练在教导他人的过程中也能洞悉自身的问题，所以教练和客户双方都能从这段关系中获益，帮助彼此成长与发展。

何时使用

这个工具应该在使用完前面的"价值观列表"后使用。

使用流程是什么

使用表 5-4 的价值观优先排序工具，要求客户在左边一栏列出自己的价值观，并在表格的最上一栏按照同样的顺序写下这些价值观。例如，如果"学习"是其中一个价值观，他们可以将"学习"填入 a 栏，再将"学习"写进顶栏。

客户完成填写后，他们需要将左边栏的价值观依次与顶栏的所有价值观进行对比。

表 5-5 给出了一个实例，你可以此了解具体操作流程。在客户完成表格的过程中，作为教练，你应当提出以下问题：

- 对你而言，价值观 a 比价值观 b 更重要吗？
- 对你而言，价值观 a 比价值观 c 更重要吗？

如果价值观 a 比价值观 b 更重要，客户就打钩（√）；如果价值观 b 更重要，就打叉（×）。继续进行这个流程，直到完成全部表格。接下来，让客户计算每个价值观的得分。分数最高的价值观就是客户心中最重要的价值观，其他的价值观也可按此方法依次排序。

小提示

在客户使用这个工具前，教练本人需要先完成上述表格，以便在与客户的交流过程中能够把握节奏并帮助客户做出决定。

客户必须在两个进行对比的价值观中做出选择。如果感觉难以选择，就让他们说出第一反应，不要探究这个反应的原因。如果还是无法选择，那就问他们："如果关乎生死，你会选择哪一个？"

所需时间

给客户留出足够的思考时间，但又不要留过多时间让他们思考自己做出某个选择的具体原因。20 ~ 30 分钟足以让客户做出选择。

表 5-4　价值观优先排序工具

价值观	a	b	c	d	e	f	g	h	i	j	总分
a											
b											
c											
d											
e											
f											
g											
h											
i											
j											

表 5-5　价值观优先排序工具实例

价值观	a 学习	b 正直	c 改变	d 公平	e 家庭	f	g	h	i	j	总分
a 学习											
b 正直											
c 改变											
d 公平											
e 家庭											
f											
g											
h											
i											
j											

6. 信念评估

这是什么

自我信念是一个人成功与否的关键因素。这个工具可以确定一个人的自我信念强度，还能发掘强化自我信念的资源。

作用是什么

自我信念越强，实现目标的意志力就越强。了解目标背后存在的信念，有助于客户了解哪些目标具有实现的可能性。他们也能了解哪些制约信念正在阻碍自己前进。

何时使用

我们很有必要在建立一段教练受训关系时就了解客户的制约信念，这可以为创建赋予力量的信念打好基础。当客户提出了无法实现的目标，或者有意采取行动但又没有真正实施时，制约信念会再次出现。这个工具可以挖掘出这些问题背后的根源。

使用流程是什么

使用表 5-6，要求客户写下他们希望实现的目标或想要得到的结果，以及他们对哪个目标或结果抱有消极想法或者存在制约信念。

接下来，要求客户根据 a ～ e 的五种说法，为自己对目标的信念及自身实现目标的能力做出评分。

完成上述步骤后，与客户一起进行讨论。重点关注评分较低的部分，询问他们为什么做出这样的评分。

讨论结束后让客户回答（1）～（3）的问题。

检查上述评分是否出现改变。

小提示

你需要确保客户在评分时不会特意选择中间档的分数。要求他们按照本能做出评分，不要过多地分析。

提出以下问题有助于了解客户坚持某种信念的原因。

- 是什么让你觉得自己无法实现这个目标？
- 如何才能让这个目标变得更合理？
- 如何才能让目标变得更吸引人？

所需时间

15 ～ 30 分钟。

表 5-6　信念评估表

请用一句话总结你希望实现的目标 / 渴望获得的结果
目标 / 结果：
根据以下说法，从 1 到 5 对你的目标及其信念做出评分，1 为最低，5 为最高： a. 这个目标让人渴望，值得付出　1□ 2□ 3□ 4□ 5□ b. 我认为有可能实现目标　1□ 2□ 3□ 4□ 5□ c. 我认为这个目标合理、符合社会需要　1□ 2□ 3□ 4□ 5□ d. 我有足够的能力实现目标　1□ 2□ 3□ 4□ 5□ e. 我认为自己完全能够实现这个目标　1□ 2□ 3□ 4□ 5□
构建信心，强化信念
在对自信心及信念核心部分是否和谐一致做出评估后，通过思考以下问题，能够使你对信念不够强的领域进行强化： （1）为了使自己更有信心，你还需要了解什么？对目标 / 结果或信念还需要增加哪些新内容 （2）关于这个信念，谁能成为你的教练 / 导师 （3）那个教练 / 导师会为你提供怎样的信息或建议

第六章

信 心 策 略

——建立信心、提升个人表现的工具

1. 重编消极语言

这是什么

人类的大脑是一个高度协调、充满程序的器官，从某种程度上说就像计算机一样。每做一件事，我们就在大脑里创造了一条神经通路，使用这个神经通路的次数越多，一个行为就越有可能成为习惯。有时，人们会固守某种思维模式，使用大脑中"编排成型"的消极语言，以便在未来获得自我满足。鼓励客户改变语言习惯，他们对事情的看法也会逐渐发生改变。

作用是什么

这个工具（见表 6-1）适用于所有教练课程，特别是在客户对某件事情或某些人存在扭曲想法时尤为有效。这个工具也能帮助客户提高自信心和工作表现。

何时使用

在与客户对话时，只要听到对方使用了消极语言，你就可以使用这个工具。例如，当客户谈论他们对申请升职的想法时，如果他们的语言消极，他们在使用表 6-1 的过程中的精神状态就有可能受到压抑。

使用流程是什么

仔细倾听客户说的每句话，注意其中是否出现表 6-1 中提到的消极用语。

向客户解释，大脑处理信息的方式会对我们的行为造成影响。例如，我在处理某个信息（思考）时，会对我的思维状态（感受）产生影响，而我的思维状态又会对我的行为（做了什么）产生影响。

因此，与其只是简单地改变行为，我们更应该对思维流程"重新编程"。当客户认同、相信这个概念后，继续进行下一步。

提出一些具有挑战性的问题，激励客户不再坚持诸如"我从没有得到过好项目"或者"她总是批评我"这种笼统宽泛的思维模式。身为教练，你要做到语调平和并表现出友好合作的态度，你可以说："是吗？从来都没有吗？"再以客户说出的某句话为例，鼓励他们做出改变。当客户认同需要改变说话方式后，提醒他们不论在心里对自己说话还是对别人说话，永远都要保持一致。如果你发现客户再次使用了消极的语言，你要立刻提醒他们之前取得的积极进展。

表 6-1 消极用语及其根源分析

消极用语	根源分析
我不能	究竟是客户不能，还是他们不想？他们有可能从未真正进行过尝试，或者害怕尝试
我失败了	• 这种类型的思维方式尤其消极。如果只用"成功或失败""好或坏"的方式看待某件事情，这种思维方式将会阻碍人们在未来进行尝试 • 我们需要将应对某件事情的经历看作有利于未来发展的机会。记住，成功之前，我们可以反复尝试。为成功或失败设定时间限制的，正是我们自己
我从不	当人们提出一种笼统的说法时，他们对事情的认知通常存在缺陷。教练需要探究这种观点的成因
我总是	与上面的情况相同。如果有人频繁使用这种说法，他们会把自己打造成受害者，这也是极为消极的思维方式
我会尝试	告诉大脑去尝试，实际上这是一种非常有用的脱离陷阱的方法，其实是我们为自己设置了失败的陷阱，因为我们总会对自己说："就算没成功，我也不会有糟糕的感觉，因为我只是说我会尝试而已……"
我没有希望 / 糟糕透顶	大脑会指示我们成为自己口中的样子。因此，如果说自己没有希望或者很笨拙，这种心态就会以外部行为的方式表现出来
那个人让我愤怒 / 紧张 / 沮丧	认为其他人应该对你的情绪负责，这种思维方式有极强的破坏力
我应该 / 必须	说出这些话时，人们通常为自己施加了最后期限，他们会认为这是外部力量强加给自己的最后期限。向客户提出疑问，让他们思考如何掌控自己的命运

小提示

将笼统的评论转变得更加具体。你要从客户那里了解具体事例，再将消极用语反馈给他们，总结出与自己有关的主题。

质疑不准确的观点与假设。质疑时，你最好使用非直接性提问方式，不要直接反驳对方的观点。

可问的有用问题

面对笼统性描述，比如"从不"或者"总是"，你可以质疑过去是否真的发生过对方所说的那些事情。如果客户说"我不能"，你可以反问："是什么阻碍了你？"如果他说"我很糟糕，毫无希望"，你可以深入一步，询问他："在哪方面表现得很糟糕呢？"

所需时间

理论上，运用这个工具的流程可以在教练与客户的对话中自然发生，但最好还是完整地进行整个流程。

2. 个人卓越中心

这是什么

这是在提升客户自信方面具有显著作用的形象化方法。客户有时可能不只需要讨论信心问题，他们可能还需要一个现实的工具，以帮助他们在特定环境下提升自信。这个工具通过模拟和比喻的形式，帮助客户设计出一个"个人空间"。只要踏入这个空间，他们就能获得额外的信心。

作用是什么

这个工具在培养演讲能力方面具有非常强大的作用，这是因为开辟一个空间可以帮助客户集中精力，有助于缓解紧张情绪。

何时使用

在演讲开始前，比如正式演讲前一周使用，这个工具能产生非常好的效果。当然，如果某个回忆让客户感到紧张，那么在临近演讲时使用这个工具也能起到很好的效果。

使用流程是什么

让客户思考他们认识哪些非常有自信的人，详细描述这些人的外在特征与话语，鼓励客户模仿这些人的站姿与说话方式。要求客户思考，当这些人表现出极强的自信时，他们会感受到什么，了解客户能否获得类似的感受。

要求客户思考一些可以不断重复的内心对话，比如"我很有信心，我觉得自己能够完全掌控局面"。

当客户确定了自信的人拥有的外在特征与感受后，要求他们想象自己眼前出现了一片空间——一个无论何时踏入都能让他们感到自信和强大的空间。询问客户："这个空间有颜色吗？""还有其他特征吗？"

让客户想象踏入空间时的情形，想象强大的能量投射在自己身上。让他们描述具体发生的经过，比如是通过一道光线照耀在自己的身上，还是像"魔法粉尘"一样洒在自己的身上。

现在，让客户进行一次完整的练习。让他们想象这个空间的形状，深呼吸后走进去，变身为他们认识的某个非常有自信的人。鼓励他们感受内心中不断涌现出的能量，做好开始演讲的准备。接着，要求他们离开这个空间。

重复两次上述操作，也可以不断重复这个操作，直到客户觉得自己足够自信。客户会在练习结束后告诉你，他们究竟获得了自信还是需要进一步练习。

小提示

要求客户从细节上详细描述他们想成为的那个人，让他们关注有关那个人的一切。鼓励性的语调有助于他们大声陈述这些细节。

当客户描述个人空间时，记住，一切都是正确的。所以他们无论选择了星形、圆形还是方形的空间，都是他们自己的选择，都是正确的。

可问的有用问题

- 进入个人空间的感受如何？
- 你如何才能感到更有活力？

练习开始前，首先让客户从 1 到 10 对自信程度进行评分（1 为最低，10 为最高）。经过几次练习后，再让他们评分，观察他们的分数是否得到了提高。

所需时间

30 分钟。

第七章

与他人高效合作

——分析并改善人际关系的工具

1. 解决行为矛盾

这是什么

作为教练，你经常需要与容易和他人产生矛盾的客户进行合作。很多时候，矛盾的根源在于另一个人的行为，客户需要你的支持去应对相关问题。客户会出于各种各样的原因不愿意和对方谈论其他人的行为。他们害怕惹对方生气，或者害怕因为诚实而被人排斥。然而，如果长时间内化问题，人们对待对方的态度就会发生变化。一般来说，当一个人对某人形成了不好的印象后，他们会不断寻找证据支持自己的看法。如果双方不做讨论，这种心态就会对双方的关系造成伤害。

情绪激动时，人们通常会混淆某个讨论的目的，很有可能讨论错误的话题。重要的是，教练需要帮助客户理解这类讨论可能引发的后果。当他们明确了自己真正希望实现的目标后，他们才会去思考自己说哪些话才能最大限度地提高成功的概率。在这样的对话中，人们往往只有一次机会。如果开场白就说错了，最担心的情况就有可能变为现实。行为矛盾的问题在于，人们总是想用激动的语言陈述对对方不当行为的感受，人们需要明白，大多数带有情绪的语言都是非理性的。

例如，一个被人描述为经常干涉他人工作的人，可能自以为乐于助人。很多人希望拥有"语言橡皮擦"，希望抹去自己曾说过的不合时宜的话，从头开始；但现实中并不存在这种东西，所以谨慎的言语至少能让客户站在良好的起点上。将自己想说的话写下来或者大声读出来后，自己能够很快意识到这些话的威力并迅速做出修改。和教练一起练习，总比在现实中犯错好得多。

作用是什么

这个工具提供了一个框架，帮助客户研究问题、明确结果，思考如何开启一段对话，何时结束对话。这个工具也为练习对话交流提供了一个框架。在极为微妙、棘手的环境下，这种做法或许能提高成功的概率。与客户预演一遍，可以帮助客户掌握与对方交流过程中可能产生的潜在陷阱和风险。

何时使用

当客户表示他们与另一个人存在矛盾时，特别是在客户不满其他人对自己做出的行为时，教练就可以使用这个工具（见表 7-1）。

表 7-1　解决行为矛盾

明确结果	
问题是什么	
这个问题给我造成了哪些影响	
我希望从这段讨论中得到什么结果	
考虑对方的想法	
对方如何看待这个局面	
对方可能对我有什么意见	
计划开场白	
客观、明确地描述对方某个行为（使用观察性语言，而不要带有评判色彩）	
思考对方的回答	
对方会说什么？你怎么回答	
为结束讨论做准备	
如何在结束交流时让对方产生积极、正面的感受	

使用流程是什么

让客户根据个人意愿描述问题，这能帮助他们表达不满与个人情绪。让他们明确描述对方行为导致的问题，以此确定客户拥有明确的动力要求对方改变某种行为。

现在，要求客户聚焦"真正的问题"——他们希望对方不要再做哪种行为，如果对方确实停止了这种行为，这会给对方带来什么影响？

再让客户从对方的角度思考问题。如果有用，使用 360 度观点这个工具来了解对方对某个问题的看法。

现在，要求客户客观地思考，自己的某些行为是不是导致矛盾产生的原因。这是教练应该与客户讨论的话题。他们可能需要改变哪些行为？

与客户合作，准备一份开场白。你要让客户明白，对方并不知道将要发生什么，客户说的话可能让他们震惊。开场白应当简单明确，不带个人情绪，直达要点。

与客户合作，思考对方可能做出的回答：这个人会说什么？在客户考虑过所有可能性后，他们需要思考如何针对对方的反应做出回应。有时你可以要求客户"怎么想就怎么说"，之后再重新组织语言，形成更为成熟的回答。这种方法有助于消除一些过于激动的情绪。

最后，思考如何结束对话。你要让客户明白，结尾话说得太多可能导致之前的努力全部白费。所以，知道何时该停止很关键。

小提示

要求客户与你一起进行角色扮演，做好提前演练，这很有必要。这样可以确保他们不会说错话，同时也能让他们对这段交流保持平常心。你应当尽可能真实地还原现实。你可以扮演客户需要面对的那个人，用客户提前确定的回答做出回复，确保客户为对方的一切可能回答做好了心理准备。

总结起来，以下是几个有用的小技巧：

- 确立一个共同目标；
- 双方均认同某些需求；
- 明确表达哪些行为需要改变；
- 认可对方的立场，能够产生同理心；
- 认同对方的建议；
- 感谢对方抽出时间与你会面。

所需时间

约为 45 分钟。

2. 分析并解决矛盾

这是什么

矛盾是一个同时具有消极和积极因素的话题。一方面，有些矛盾有助于解决根本问题，所以矛盾很容易得到化解；另一方面，如果放任不管，矛盾就会催生负面甚至具有破坏性的行为。这个工具有助于确定矛盾的焦点，分析矛盾的影响力及解决矛盾的方法。

作用是什么

这个工具可以帮助客户更清晰地了解矛盾的起源，理解矛盾的影响力并积极采取行动。

何时使用

当客户因某个矛盾局面感到沮丧时，教练就可以使用这个工具。当客户认为自身难以摆脱激动情绪时，这个工具尤其有用。这个工具起到了一种框架性作用，能让客户客观地看待正在发生的事情。

使用流程是什么

使用表 7-2 中的问题（1）～（7），与客户探讨具体矛盾。进行到问题（3）时，深入探讨矛盾的本质。

目标：矛盾是否源于客户追求的最终目标不合理？

感受：出现矛盾是因为情绪问题还是价值观问题？

想法：矛盾是不是在引入新想法或者概念发生改变时出现的？

行为：矛盾集中在某些人让人无法接受的行为上吗？

对矛盾进行有效分析至关重要。面对"这真的是矛盾吗"这个问题时，客户理应做出回答。例如，你问："这个矛盾究竟是有实际的影响，还是只让你恼火呢？"如果客户的回答是后者，他们就需要解决自身的情绪问题。明确矛盾的本质后，客户就能更好地确定自己的短期和长期行动计划。

接下来，向客户提出问题，探讨产生不同观点的原因，这个分析性的步骤在理解他人观点方面具有非常重要的意义。例如，你可以问："双方拥有相同信息吗？他们对相同信息有不同的看法吗？"

当客户对局面做出明确分析后，再进入问题（8）。现在要做的，就是确定解决方案，确定优势、评估结果和风险。

最后，推动客户制订行动计划。

表 7-2　分析并解决矛盾问题表

（1）这个矛盾开始于什么时候
（2）矛盾的表现形式是什么
（3）矛盾的焦点是什么 目标：追求的目标完全不同
感受：上述目标互相排斥，互不兼容
想法：对如何做事有不同的想法
行为：那是不可接受的
要点：如果目标存在矛盾，那么在解决其他部分的矛盾前必须先解决目标矛盾

（续表）

（4）矛盾的真正根源可能是什么
（5）矛盾对我产生了怎样的影响
（6）矛盾对其他人产生了怎样的影响
（7）如果能解决矛盾，能带来哪些好处
（8）如果矛盾持续下去，会带来哪些可能的结果
（9）想法与选择
（10）计划

小提示

出现矛盾后，这个工具用得越早效果越好，那时人们对矛盾还有着鲜活的记忆。

你还可以在为未来可能出现的矛盾做准备时使用这个工具，这能让客户在未来真的遇到问题时更为客观地看待和解决。

后面的"360 度观点"有助于客户了解对方的观点。

所需时间

30 ～ 45 分钟。

3. 360 度观点

这是什么

有时我们会沉浸在自己的观点中无法自拔，导致我们无法客观地看待自身行为，以及这些行为在我们与其他人糟糕的关系中起到的作用。不了解他人的观点，我们就很难意识到自己的行为对整个局面产生负面影响的事实。一旦我们对某个人形成了不好的印象，我们自然会去寻找支持这种印象的证据。通常我们会觉得那个人所做的一切都有消极负面的意图。这个工具可以将人们从自身的观点中解放出来，从他人角度出发，客观地面对当前局面，进而为人们指出如何应对和解决当前局面引发的一系列问题。

随着人们在 3 个位置上（请看使用流程）移动，会发现他们越来越能接受"自己的行为也是矛盾产生的原因之一"这个现实。当客户进入位置 2 时，你会注意到他们的语调和生理反应也出现了变化。在位置 1 时，客户谈论起当前局面也许会怒气冲冲地评价另一个人。但进入位置 2 后，突然间他们就能更客观地思考、评价他人。

作用是什么

当客户希望从他人的角度观察问题，或者愿意突破自身观点的限制时，这个工具会非常有用。人们有时会完全沉浸于自己的观点中，甚至不愿意尝试理解他人的想法。这个工具可以帮助客户从他人的角度出发看待某个问题，进而形成不同的看法。

何时使用

当客户与他人合作遇到困难时就可以使用这个工具。另外，当客户为演讲做准备时，他们可能想要更深入地理解观众的想法，这时也可以使用这个工具。

使用流程是什么

在房间内放置 3 把椅子，椅子分别象征以下 3 个位置：

位置 1：客户从自己的角度看待整个世界，有着自己的想法；

位置 2：客户可以从他人的角度看待世界；

位置 3：客户成为不带偏见的中立观察者。

首先让客户来到位置 1，也就是代表自身观点的位置。让他们详细讲述这个场景，讲述他们自己的观点、价值观、信念和信息处理方式。教练要向他们提出有深度的问题，询问他们感受到和看到了什么，为什么他们认为会发生这样的事，以及这些事情对他们的影响。

随后要求客户移动到位置 2，暂时放弃自己的想法，接受另一方对事物的看法及他们的价值观、信念和想法。鼓励客户真正"成为"那个人。教练要询问他们："对方看到你时会看到什么呢？"鼓励客户诚实回答问题。教练还要提出与这个问题相似的其他问题。

客户最后进入的是位置 3。为了成为不带偏见的中立观察者，客户需要消除前两个位置的所有影响。询问他们："面对这个局面或个人，其他人会给你提出怎样的建议呢？"用"还有什么要补充的吗"这样的提问方式不断推动客户进行思考。

最后一个位置能让客户看清双方的观点，由此了解双方的立场及对问题的看法。

当客户再次回到位置1时，问他们接下来会做什么，与他们一起制订行动计划。

小提示

为每个位置配一把椅子，每把椅子之间留出足够空间，这样客户在选择不同位置时可以拥有充足的移动空间。另外，多出来的空间不要放椅子。

进入位置 2 后，客户或许会产生脆弱感，你需要保证自己与客户之间保持非常融洽的关系。

重要的是，客户需要移动并走到不同的位置，并且清理思绪，确保不将上一位置的"包袱"带入新的位置。实现这个目标的方法之一就是让客户做深呼吸，并在不同位置间放松自己的身心。

位置 3 必须是一个"干净的位置"，需要彻底清除前两个位置的残留影响。

所需时间

30 分钟。

第八章

个 人 影 响 力

——提升存在感与影响力的工具

1. 沟通技能清单

这是什么

沟通，沟通，再沟通！沟通永无止境！能否高效地沟通决定了你的影响力、领导力和与他人共情的能力，高效沟通能从整体上提高你在工作与家庭生活中的人际影响力。这个工具是一种极为有效的方法，可以确定他人对你的看法和你与他人的沟通效率。

作用是什么

这个工具（见表 8-1 与表 8-2）能够用于收集一系列与沟通技能相关的问题数据。受访者需要就一系列问题对你的客户做出评分。客户也需要就同样的问题给自己评分。这个工具可以有效地看出客户与他人之间对沟通技能的认知是否存在差距。

表 8-1　沟通技能清单

为了帮助你深入了解自己的沟通方式，请对自己的沟通效率做出评估。请对每一个问题从 1 到 6 做出评分（1 为最低，6 为最高）。请认真思考并诚实回答，如果全部给出 3 分则无益于你提高自己的能力。

请将这份表格放入信封后密封，谢谢你的合作！

序号	沟通技能	分数
1	能够给他人留下好的第一印象	
2	能够理解其他人的内心感受	
3	能够将自己的想法传达给其他人	
4	面对困难局面时也能够与他人进行沟通	
5	不说过多的话	
6	能够让别人说出心里话	
7	能够对他人的想法保持开放的心态	
8	能够向其他人做出必要的指示	
9	能够无视他人的敌意	
10	能够公开表达自己的观点	
11	能够向团队做出清晰的表达与演讲	
12	必要时能够保持沉默	

（续表）

序号	沟通技能	分数
13	能够用心倾听别人的批评	
14	能够说服别人做我想做的事	
15	能够对别人做的事提供清晰的反馈	
16	能够理解他人的想法	
17	能够及时抽身与己无关的讨论	
18	能够高效地与他人会谈	
19	能够从他人处收集信息	
20	能够让他人感到平静	
21	不考虑他人的负面评价	
22	能够让其他人了解我的感受	
23	开会时也能对他人有贡献	
24	面谈时表现良好	
25	能够和其他人建立融洽的关系	
26	能够让其他人接受我的想法	
27	在演讲过程中能够关注听众的反应	
28	能够协助会议进行	
29	能够将我的感受准确传达给其他人	
30	能够决定不评论他人	
31	其他人生气时能够理解	
32	能够了解其他人的兴趣	
33	能够与他人展开对话	
34	当决定与他人交流时，我能够清楚地表达自己的情绪	

表 8-2　沟通技能评分表

请对下列每一项技能从 1 到 6 做出评分（1 为最低，6 为最高）。

序号	沟通技能	自我评分	他人评分	他人评分	他人评分
1	能够给他人留下好的第一印象				
2	能够理解其他人的内心感受				
3	能够将自己的想法传达给其他人				

（续表）

序号	沟通技能	自我评分	他人评分	他人评分	他人评分
4	面对困难局面时也能够进行沟通				
5	不说过多的话				
6	能够让别人说出心里话				
7	能够对他人的想法保持开放的心态				
8	能够向其他人做出必要的指示				
9	能够无视他人的敌意				
10	能够公开表达自己的观点				
11	能够向团队做出清晰的表达与演讲				
12	必要时能够保持沉默				
13	能够用心倾听别人的批评				
14	能够说服别人做我想做的事				
15	能够对别人做的事提供清晰的反馈				
16	能够理解他人的想法				
17	能够及时抽身与己无关的讨论				
18	能够高效地与他人会谈				
19	能够从他人处收集信息				
20	能够让他人感到平静				
21	不考虑他人的负面评价				
22	能够让其他人了解我的感受				
23	开会时也能对他人有贡献				
24	面谈时表现良好				
25	能够和其他人建立融洽的关系				
26	能够让其他人接受我的想法				
27	在演讲过程中能够关注听众的反应				
28	能够协助会议进行				
29	能够将我的感受准确传达给其他人				
30	能够决定不评论他人				
31	其他人生气时能够理解				

序号	沟通技能	自我评分	他人评分	他人评分	他人评分
32	能够了解其他人的兴趣				
33	能够与他人展开对话				
34	当决定交流时，我能够清楚地表达自己的情绪				

何时使用

当客户在影响他人或者与他人合作遇到困难时，这个工具尤其有用。如果客户想提高工作表现，或者想在事业上做出改变，这个工具的效果也很明显，他们可因此了解提高沟通技能需要在哪些方面付出更多的努力。为了获得 360 度的反馈，沟通技能清单可以分发给客户的团队、同事、老板等人群。

使用流程是什么

要求客户加入一个团队，客户一定很想知道所有的团队成员对自己沟通技能的反馈。团队的规模直接决定了需要分发多少份沟通技能清单。

接下来，在每个团队中随机选择受访者。简单做法就是把名字放进帽子，随机抽取。每组受访人数约为 6 人。当团队成员为 6～8 人时，最好将表格分发给每个成员。你的目标是为避免偏见而从团队中随机选择受访者，但要保证受访者的人数足以代表整个团队。

确定人选后，要求客户向这些人分发沟通技能清单（见表 8-1）及带有回复地址的信封并确定反馈时间。一般来说，两周时间足矣，时间太长受访者会出现拖延或者忘记这件事，时间太短他们又没法完成调查。

要求客户完成自我评估。要求他们诚实地回答问题，记下第一反应，但不要过度分析自己的回答。

要求客户在下一次教练课程开始前保持受访者交回的信封处于密封状态。

开始教练课程后，教练要与客户一起查看受访者的回答，并将分数填入评分表（见表 8-2）。要与客户一起计算总分，并在不同的观点中寻找共同趋势、相似性和差距（消极因素和积极因素）及不同寻常的变化。

教练要与客户一起讨论结果，明确其优点及有待提高的地方，并制订明确的行动计划和重点领域。

小提示

你要确定客户真的随机选择了受访者，保证不存在正面或负面的偏见。

如果客户确定了三个以上需要提高的领域，教练需要制订计划，先着重解决最重要的三个领域，再面对次重要的三个领域，以此类推。

确定优点与确定需要提高的领域同等重要，所以教练要保证客户不仅了解自身的优点，还了解如何继续运用自身的优点。

所需时间

最初的选择过程大约需要 15 分钟，检查所有回复大约需要 45 分钟。

2. 360 度反馈

这是什么

360 度反馈是一个极为有用的工具，它可以确定你采用的方法是否起到了预想中的效果。在教练课程中，反馈也是一种非常有用的信息来源，可以帮助拥有管理和领导责任的客户在团队管理方面获得具有建设性的意见。

作用是什么

对教练来说，具有建设性的反馈意见是非常重要的资源，其能够用于培养客户的团队管理能力。反馈意见也能让客户了解自己在团队管理方面需要在哪些方面获得提高，哪些又是自己的强项。对于那些没有完成领导任务的客户来说，360 度反馈是一个极为有效的工具。此外，这个工具也能帮助那些虽然取得了成功但不知具体原因的高级管理者客户，他们非常需要了解自己的强项，以便未来继续发挥优势。

何时使用

这个工具的优点在于，你可以在一段教练受训关系中随时使用这个工具。在初期，这个工具有助于确立教练目标；在教练受训关系持续进行期间，这个工具可以确定客户的核心优势及需要改进和提高的领域；同时，在每次教练课程的开始和最后分别使用，可以确定课程取得的进展。这个工具的关键在于保证反馈意见的匿名性，你也需要将这些反馈意见以匿名的方式传达给客户。只要客户知道任何数据和信息不会传回所在机构相关人员的耳中，这些反馈意见就能帮助他们自我提高。

使用流程是什么

询问客户，哪些人最能对他们的团队管理能力提出反馈意见。这些人一般是客户的直接下属和非直接受客户管理的人，比如线上工作团队、客户的老板与同事。这些人的数量直接决定需要发放多少份调查问卷。

接下来，在由客户的下属与同事组成的团队中随机抽选受访者，具体流程与之前的沟通技能清单相同。视团队规模的大小，抽选的受访者约为 6 人。对 6 ～ 8 人的团队，最好给每个人都发放调查问卷。你的目标是为避免偏见而从团队中随机选择受访者，但要保证受访者的人数足以代表整个团队。

选定受访者后，要求客户向他们发放 360 度反馈调查问卷（见表 8-3），同时附上带有回信地址的信封和返还调查问卷的时间要求。一般来说，两周时间足矣。时间太长受访者会出现拖延或者忘记这件事，时间太短他们又没法完成调查。

要求客户完成自我评估。要求他们诚实地回答问题，记下第一反应，但不要过度分析自己的回答。

要求客户在下次教练课程开始前保持受访者交回的信封处于密封状态。教练课程开始后教练要与客户一起查看，并将分数填入评分表（见表 8-4）。

教练要与客户一起计算总分，并在不同的观点中寻找共同趋势、相似性和差距（消极因素和积极因素）及不同寻常的变化。有哪些问题非常突出？例如，客户的管理能力得分比他们的团队建设能力得分更高吗？

与客户一起讨论结果，确定优点与需要改善的领域。明确行动计划与优先环节。

小提示

教练要确保客户做出了随机选择，保证不存在正面或负面的偏见。

如果客户确定了三个以上需要提高的领域，教练需要制订计划，先着重解决最重要的三个领域，再面对次重要的三个领域，以此类推。

确定优点与确定需要提高的领域同等重要，所以你要保证客户不仅了解自身的优点，还要了解如何继续运用自身的优点。

所需时间

最初的选择过程需要 15 分钟，留出 60 ～ 90 分钟审查问卷调查结果并与客户共同讨论行动计划。

表 8-3　360 度反馈调查问卷

我将开启一段自我发展之旅，我希望你能配合我完成这个问卷，帮助我了解自身的团队管理能力。

以下问卷致力于涵盖管理能力的所有环节，并整理了所有相关信息，能够帮助我了解自己的优点及需要改进的地方。

我保证你的反馈信息会以匿名的形式出现，所以请将填写完毕的调查问卷装进 A4 大小的白色信封后密封。

通过这份调查问卷，请对我的团队管理能力进行评分。请从 1 到 6 做出评分（1 为最低，6 为最高）。如果你对我的优点及需要改进的地方有想法，我也欢迎各种意见。

我再次保证，所有反馈信息都会得到保密处理。

感谢你的意见！

评分标准如下：

6= 做得非常好；

5= 能力很强；

4= 做得不错；

3= 可以做得更好；

2= 不稳定；

1= 能力很差劲。

序号	项目	分数
一	**管理能力**	
1	能够留出时间讨论重要问题和决定	
2	了解局面的发展，能够让团队所有成员清楚地了解他们的角色与所要承担任务的重要性	
3	能够始终关注整体目标与个人目标	
4	对于那些影响企业和团队成员发展的变化，能够做到及时与成员有效地沟通	
5	团队中的所有人都能感觉自己是团队中很重要、得到信任并有价值的一员	
6	能够为下属提供有助于建立信心的反馈意见	
7	知道何时提出建议和指导	
8	能够明确成功的衡量标准，帮助团队成员设定明确的目标	
9	能够定期检查目标，确定未来所需的必要支持	
10	能够不断拓展自己的能力	
二	**沟通能力**	
11	能够运用有效的提问技巧，鼓励团队成员思考行为的后果	
12	能够认真与他人沟通，并避免任何信息混杂的可能	

（续表）

序号	项目	分数
13	能够做到积极倾听	
14	能够谨慎管理自身的情绪	
15	能够很好地应对他人的情绪	
16	讨论问题时能够保持中立并进行解释和总结，不轻易评判	
三	**与客户合作的能力**	
17	能够做到客户优先	
18	能够确保所有团队成员了解主要客户及他们的需求	
19	能够随时展现出专业性	
20	能够主动回应客户	
21	能够展现出高水平的技术知识，以激发外界的信心	
22	能够在各方认可的时间范围内做出回应	
23	能够及时检查客户的满意度	
24	能够确保团队成员在客户面前拥有合理的曝光度	
四	**管理表现**	
25	能够在实现目标的过程中及时提供反馈	
26	能够对下属的优点和需要改善的地方提出具有建设性的反馈意见	
27	出现问题时能够尽快地解决问题	
28	能够保证提出的反馈意见无关个人感情	
29	能够寻找机会庆祝成功	
30	能够指出团队成员做得对的地方，而不是仅仅指出错误	
31	能够推动创造性思维的提升，以寻找提高工作满意度的机会	
32	能够认可错误在发展过程中同样具有重要作用	
33	能够让工作考核具有激励作用	
34	能够对职业前景做出诚实的评价	
五	**团队建设能力**	
35	能够找到提升团队效率的方法	
36	能够鼓励团队成员间的合作、信任与沟通	

（续表）

序号	项目	分数
37	能够针对改善流程、政策或团队协作征求他人的意见，并积极采取行动	
38	能够留出时间讨论团队成员关注的目标、兴趣和问题	
39	能够圆满处理团队成员之间的矛盾	
40	能够以管理者的身份从团队成员处征求反馈意见	
41	能够运用收到的反馈意见改变管理风格和方法	
六	**选填项**	
42	优点	
43	需要改进的地方	

表 8-4　360 度反馈调查问卷评分表

评分标准：

6= 做得非常好；

5= 能力很强；

4= 做得不错；

3= 可以做得更好；

2= 不稳定；

1= 能力很差劲。

序号	项目	自我评分	他人评分	他人评分	他人评分	他人评分	他人评分	他人评分
一	**管理能力**							
1	能够留出时间讨论重要问题和决定							
2	了解局面的发展，能够让团队所有成员清楚地了解他们的角色与所要承担任务的重要性							

（续表）

序号	项目	自我评分	他人评分	他人评分	他人评分	他人评分	他人评分	他人评分
3	能够始终关注整体目标与个人目标							
4	对于那些影响企业和团队发展的变化，能够做到及时与成员有效地沟通							
5	团队中的所有人都能感觉自己是团队中很重要、得到信任并有价值的一员							
6	能够为下属提出有助于建立信心的反馈意见							
7	知道何时提出建议和指导							
8	能够明确成功的衡量标准，帮助团队成员设定明确的目标							
9	能够定期检查目标，确定未来所需的必要支持							
10	能够不断拓展自己的能力							
二	**沟通能力**							
11	能够运用有效的提问技巧，鼓励团队成员思考行为的后果							
12	能够认真与他人沟通，并避免任何信息混杂的可能							
13	能够做到积极倾听							
14	能够谨慎管理自身的情绪							
15	能够很好地应对他人的情绪							
16	讨论问题时能够保持中立并进行解释和总结，不轻易评判							
三	**与客户合作的能力**							
17	能够做到客户优先							
18	能够确保所有团队成员了解主要客户及他们的需求							
19	能够随时展现出专业性							
20	能够主动回应客户							
21	能够展现出高水平的技术知识，以激发外界的信心							

（续表）

序号	项目	自我评分	他人评分	他人评分	他人评分	他人评分	他人评分	他人评分
22	能够在各方认可的时间范围内做出回应							
23	能够及时检查客户的满意度							
24	能够确保团队成员在客户面前拥有合理的曝光度							
四	**管理表现**							
25	能够在实现目标的过程中及时提供反馈							
26	能够对下属的优点和需要改善的地方提出具有建设性的反馈意见							
27	出现问题时能够尽快地解决问题							
28	能够保证提出的反馈意见无关个人感情							
29	能够寻找机会庆祝成功							
30	能够指出团队成员做得对的地方，而不是仅仅指出错误							
31	能够推动创造性思维的提升，以寻找提高工作满意度的机会							
32	能够认可错误在发展过程中同样具有重要作用							
33	能够让工作考核具有激励作用							
34	能够对职业前景做出诚实的评价							
五	**团队建设能力**							
35	能够找到提升团队效率的方法							
36	能够鼓励团队成员间的合作、信任与沟通							
37	能够针对改善流程、政策或团队协作征求他人的意见，并积极采取行动							
38	能够留出时间讨论团队成员关注的目标、兴趣和问题							
39	能够圆满处理团队成员之间的矛盾							
40	能够以管理者的身份从团队成员处征求反馈意见							

（续表）

序号	项目	自我评分	他人评分	他人评分	他人评分	他人评分	他人评分	他人评分
41	能够运用收到的反馈意见改变管理风格和方法							
六	**选填项**							
	优点							
	需要改进的地方							
	行动计划							

第九章

提升领导力

——制定策略、提升团队表现的工具

1. 团队氛围列表

这是什么

团队氛围列表是一个简单的感知性工具，可用于了解团队成员在不同层面的工作表现，为行动计划的执行提供支持。这个工具可以帮助经理人找到自己作为管理者需要改进的地方，同时量化团队做得好及需要提高的地方。有意思的是，经理人还可以利用这个工具了解团队成员过去没有公开提出的反对意见，并在私下里了解具体情况。

团队中经常存在"公开服从、私下反抗"的行为。例如，开会时所有人均表示愿意接受改变，或者对团队的工作表示满意，但管理者日后不断听到员工的抱怨。出现这种现象的原因可能是一些员工害怕诚实的表态对自己不利，因此选择不公开表达意见。类似团队氛围列表这样的匿名表格可以让人们在保密状态下表达观点。

作用是什么

经理人可以运用这个工具了解团队的运行状态，准确地找出目前团队最需要解决的问题。当团队成员需要在工作上拿出更好的表现，或者面对一个刚刚成立的团队时，经理人就可以使用这个工具（见表 9-1）。对于出现问题、运行不正常的团队，这个工具也有用武之地。

何时使用

团建前使用这个工具的效果最好，经理人经过分析可以为团队成员提供一些反馈意见，或者与团队成员一起制订计划。从团队成员处收集到调查结果后，教练应当安排与经理人（客户）会面，指导他们研究调查结果，并提出一些有深度的问题，找到团队问题的真正根源。

使用流程是什么

要求客户向团队所有成员分发调查问卷，并指示团队成员诚实作答，以便真正了解整体情况。除非受访者愿意公开姓名，否则所有调查问卷都应当匿名进行。如果公开姓名，受访者最好能在问卷背面写下评分的理由。每个受访者应当独立完成调查问卷，不能和团队中的其他人讨论。每份完成的调查问卷应当放进信封后密封交给客户。

要求客户在下一次教练课程时带上所有密封的信封，或者在教练课程开始前将这些信封提前交给你。用一份表格对所有问卷调查做出总结，以方便分析。

接下来教练要与客户一起研究调查结果，鼓励他们以开放、客观的心态面对这些结果。

推动讨论，帮助客户找到主题，不要过多地关注是谁完成了调查问卷。与客户一起确定最需要投入精力的部分，并共同制订行动计划。至于如何公布结果，你需要和客户达成一致意见。在下一次教练课程中你需要与客户共同讨论这份行动计划。

小提示

你要保证客户没有把精力放在对调查问卷主人的身份调查上。

你与客户对话的焦点应当是未来。

可问的有用问题

你认为自己的团队哪方面最需要提升？

你需要做什么？

你需要自己的团队做什么？

如果你在这个领域做出了成绩，你会看到哪些变化？

所需时间

45分钟，也需要预留一些灵活的时间，以防出现需要讨论的重大问题。

表 9-1 团队氛围列表

在下表中最符合目前团队氛围状态的空格里打钩。

沟通不自由；成员们经常隐藏信息							成员们都很真诚且能够及时地进行沟通
对未来的展望与愿景存在不确定							未来的展望与愿景清晰明确
团队内部存在矛盾							团队成员协同互助，彼此支持
团队成员忧心忡忡							团队成员彼此信任
决策流程不清晰，需要明确权威和责任							决策具有清晰的流程
成员们都在避免谈论可能影响整个团队的事情							影响整个团队的事情都会得到讨论

（续表）

极少审核工作表现，没人总结经验教训						定期审核工作表现，积极总结经验教训
团队的成长发展不稳定						团队整体均致力于成长发展
存在角色混乱现象，成员角色存在重合						每个成员的角色清晰明确
每个成员对其他团队存在矛盾或冷漠心态						成员们与其他团队建立了强大的人际网络

2. 改善授权机制

这是什么

这个工具提供了一个简单的框架，能够帮助人们分析自己为什么不愿意授权，将工作分派给他人，进而制订计划，将更多工作分派给团队成员。人们出于很多原因不愿意授权他人、分派工作，但最常见的原因其实源自经理人自身看待问题的角度。例如：

- 没有人能像我一样出色地完成这个任务；
- 如果这件事让别人做，我就失去了控制权；
- 上一次委托别人做事没有得到想要的结果，所以我最好还是自己动手；
- 与其向别人解释，还不如自己做，我自己做速度更快。

作用是什么

对需要授权、分派任务的客户来说，这个工具（见表 9-2）非常实用。这个工具能够鼓励客户战胜恐惧，仔细评估授权的重要作用。手写一份计划后，客户就更有可能在正确的时间将任务分派给正确的人。

何时使用

当客户表现出超负荷状态，或者处理的更多的是事务型工作时（如没有时间制定战略），教练就可以使用这个工具。

使用流程是什么

要求客户对自身的授权能力进行综合评估，重点关注他们对不愿授权给他人的原因，并深入讨论这些原因。这些原因究竟是真实存在，还是客户自己的想象？客户怎样做才能克服这些障碍？

教练要与客户共同完成表格，让客户确定可以授权、分派工作的团队成员，明确授权、分派工作对这些人工作负担的影响。

鼓励客户思考团队成员需要接受哪些培训才能合格地完成任务。

询问客户，某项特定任务最关键的部分是什么？是准确率，还是确保在最后期限前完成，或者是确保提供充足的内容？客户如何才能将这个信息传达给接受授权的人？

教练要与客户一起回顾和分析他们完成某项任务的经历，他们从中学到的最重要的经验和教训是什么。例如，他们是找到了一条捷径，还是需要先完成某个环节，以便减小这项任务的难度？你要保证客户能将这些经验和教训传递给接受授权的团队成员。

你需要在下一次的培训课程中与客户共同探讨行动计划，确定客户是否取得了进展，了解哪些方面还需要继续学习。

小提示

鼓励客户诚实回答过去不愿意授权团队成员的原因。真的是团队成员的能力不足，还是仅仅是客户认为团队成员的能力不足。诚实回答是确定其中区别的关键。

可问的有用问题

分派任务时，你希望得到怎样的结果？

你对团队成员高质量地完成任务抱有多大的信心？

分派了一个任务后，你检查任务进展的频率有多高？

是什么原因让你认为自己的行事方式是正确的？

所需时间

30分钟。

表 9-2　改善授权机制工具表

	成员一	成员二	成员三
我希望分派哪个任务			
如果分派任务，会对我产生哪些影响			
这个任务最关键的部分是什么			

（续表）

	成员一	成员二	成员三
为了完成任务，这名成员需要接受哪些培训			
我在过去完成这项任务的过程中学到的最重要的经验和教训有哪些			

3. 授权计划

这是什么

有效的授权需要提前制订计划，以便我们确定需要完成的具体工作、最后期限和工作方法，这些都需要有效沟通才能实现。对接受任务和分派任务的双方来说，授权是一个自我提高的机会。有效的授权开始于如何计划、何时分派哪些任务。

作用是什么

这个工具（见表 9-3）能够为负有管理责任、需要确定如何授权与分派哪些任务的客户提供帮助。

何时使用

负有管理责任、日常大量时间消耗在事务型的工作上、希望抽出更多时间制定策略的经理人可以从更高效的授权中获得收益。这个工具也能帮助那些不担任管理职务但希望抽出更多时间做其他事情的客户。

使用流程是什么

要求客户回答以下问题。

- 他们会把工作带回家做吗？
- 他们的工作时间比同事更长吗？
- 他们是否取消过休假，或者没有完整地休过年假？
- 周末他们会工作吗？周末会打电话给办公室的同事询问工作情况吗？
- 未完成的工作在不断积累吗？
- 他们是否需要在人手或者资源不足的情况下完成更多任务？
- 他们是否对时间的使用和自身取得的成果产生怀疑？

检查客户对上述多少个问题做出了肯定回答。如果肯定回答超过 4 个，他们就能从更多的授权、分派任务中获益。

为客户留出一些思考时间，要求他们确定工作中的主要任务和次要任务。如果次要任务过于繁重，客户在未来可能需要将其拆分为几个小任务。这样做的主要目的就是明确客户工作中的主要任务，你将帮助他们明确哪些任务可以交给其他人完成。

让客户在便笺上写下所有的任务内容，每张便笺写一个任务。

将白板分为 3 栏，每栏分别标注以下主题。

第 1 栏：其他人。

第 2 栏：提高能力后的其他人。

第 3 栏：没有人。

要求客户迅速确定团队中的其他人能够立刻接手的次要任务。将写有这些任务的便笺贴在第 1 栏中。

再让客户确定哪些次要任务是团队成员提高能力后可以完成的，将写有这些任务的便笺贴在第 2 栏中。

最后，检查剩下的便笺。这些次要任务，其他人真的做不了吗？与客户讨论后，将这些便笺贴在第 1 栏或第 2 栏中。如果还有剩余，则将剩余部分贴在第 3 栏。第 3 栏里的便笺数量应该很少。

值得一提的是，如果第 3 栏里的便笺数量比其他两栏多，意味着客户所在的企业存在很大的风险。这种现象表明，专业知识全部掌握在客户手中，客户与他的团队成员间存在明显的知识差距。这也意味着，即便出现机会，客户也很难改变职位和角色，因为没有人有足够的知识和能力能够接替他们。你有必要与客户讨论这个现象。

所有便笺归入不同的 3 栏后，让客户在每个次要任务后写上团队成员的名字，确定将任务转交给他们的时间，并注明完成这些任务所需的信息和知识。

与客户共同制订一份能够使团队成员达到相关要求的培训计划。教练可以使用授权计划表、授权框架表和有效授权清单（分别见表 9-3、表 9-4 和表 9-5）。

小提示

你可以先确定各个任务的优先级，这个过程可分别参考表 9-6、表 9-7。

小心谨慎地对各个任务提出疑问。如果态度过于强硬可能会使客户出现戒备心理。

可问的有用问题

这项任务必须由你完成吗？

其他人接手这项任务会有怎样的结果？

如果由你来完成这项任务，你必须推迟或放弃其他哪些工作？

如果这项任务没有完成会发生什么？

还有谁能完成这项任务？

那个人完成这项任务需要哪些资源？

这项任务与你的角色、核心人物、目标及个人发展之间存在怎样的联系？

这项任务还涉及谁？这项任务对他们有着怎样的意义？

如果分派这项任务，你会怎么安排多出来的时间？

如何防止自己再次陷入这种局面？

其他可供探讨的领域

提醒客户注意帕累托法则，也就是 20% 的因素决定了 80% 的成果。例如，80% 的利润来自 20% 的客户。因此，客户可能耗费了 80% 的时间但只取得了 20% 的业绩，而他们的目标是用 20% 的时间取得 80% 的业绩。

让客户思考"时间强盗"，也就是那些各种干扰、无关的琐事、不期而至的来访者、不必要的旅行、电子邮件、书面文件甚至是拖延症。要求客户保留时间做记录。

提醒客户要让团队成员保留时间去做记录，以分析自身的时间利用情况。客户可因此获得团队成员的能力数据，了解谁具有足够的能力，从而分派给他更多任务。客户需要小心操作，防止这名成员的负担过重。谨慎计划，利用授权计划表（见表 9-3）合理地将任务分派给团队中的成员。

所需时间

留出 60 分钟，明确各个任务并制订计划。

表 9-3　授权计划表

任务：描述你希望分派的任务
列出完成这项任务所需完成的所有步骤

（续表）

你希望的最终结果是什么
最佳完成日期是何时
预算有多少
描述任何已知的限制
为了完成这些任务，你还有哪些可以选择的方法
团队成员的名字（你希望将任务分派给谁）
从1（最低）到5（最高），对这名成员接受任务的准备程度做出评分
详细描述你准备授予这名成员的权力。例如，是有限的权力，还是在采取行动前需要和你协商
是什么原因让你觉得这名成员能够按照你的设想完成任务
这项任务与你分派给这名成员的其他任务有着怎样的关联

表 9-4　授权框架表

	评论（这会给我的授权带来哪些影响）
解释为什么选择这名成员	
了解这名成员的工作情况，必要时帮助他重新安排工作优先次序	
设定明确的目标	
说明这项任务与企业发展战略的融合度	
确定承担任务时可能遇到的问题	

（续表）

	评论（这会给我的授权带来哪些影响）
明确潜在陷阱	
邀请这名成员提出反馈——这名成员是否做好了承担责任的准备	
给这名成员提问的机会	
允许这名成员提出如何完成任务的想法	
如果这名成员完全不熟悉任务，指导他们完成任务	
确定控制权、预算和最后期限	
与这名成员就何时、如何审核结果达成一致	
保证这名成员拥有足够的权力——必要时赋予对方更大的权力	

表 9-5　有效授权清单

你是否清楚地知道自己想要分派的是什么任务	
这名成员是否得到了足够的培训或者拥有完成这项任务必需的能力	
这名成员是否愿意接受这个任务	
这名成员对目标的描述是否满足你的期望（这名成员是否按照你的要求完成任务）	
这名成员是否知道如何获得所需的资源	
这名成员是否拥有足够的权威可以获得他们所需的资源	
如果发生无法预见的情况，这名成员能否获得你的帮助	
你是否放手让对方独立完成工作（你是否在做其他有助于完成这项任务的工作）	
你是否用清晰、明确的语言表述了任务背景，以及选择这名成员完成任务的原因	
你是否拥有出色的互动能力，去倾听并与对方讨论，邀请对方说出自己的想法	
你能否明确表述希望得到的结果，并鼓励对方提出问题	
你是否与这名成员认真地讨论了需要完成的任务内容和完成方式	
双方是否认同授权的具体范围，比如工作方法、日期、地点、预算、任务衡量标准等	
双方是否认同完成任务所需分配的权力	

4. 优先排序：配对对比

这是什么

优先排序的重点就是在紧急任务中选择最为重要的任务。认为所有任务同等重要且急迫只会带来恐慌与焦虑，所以这个优先排序工具有助于去繁从简。

作用是什么

这是一个以优先顺序排列任务的简单方法（见表9-6和表9-7）。

何时使用

当客户感到任务过多、压力过大时就可以使用这个工具。这个工具也可以帮助客户想象、展望某项任务，进而让他们获得掌控感。

使用流程是什么

这个工具需要将不同任务分类排入优先清单，使用的配对对比法与第五章中的价值观工具类似。

要求客户确定需要他们完成的且让他们感到担心的所有任务，将这些任务填入表9-7左边的"任务"栏。填写完成后，让他们按照同样顺序填写顶栏。接下来，让客户对比两组清单。第一组为a行对比a列，所以这一组交叉的格子应当留空。下一组对比为b行对a列。例如，如果一项任务是给某客户打电话，这个内容应当出现在a行和a列；如果下一项任务是为评估做准备，这个内容应出现在b行和b列。对比b行和a列时，客户需要决定是给自己的客户打电话更重要，还是为评估做准备更重要。随后再将答案记录在b行和a列交叉的格子中。表9-6通过实例对此进行了展示。客户需要对比不同任务，直到填完表格。

最后计算各个任务胜出的频率，从而确定最重要的任务是什么。

小提示

为了帮助客户发散思维，教练最好能在客户思考的过程中帮助他们记录答案。

由于需要决定哪个任务更重要，所以使用这个工具时需要留出一些思考时间。有时，做出选择对客户是一个不小的挑战。你可以问："不要多想，大脑里第一个蹦出来的答案是什么？""你的本能告诉了你什么？"

所需时间

至少留出 30 分钟让客户填写表格，随后统计答案。教练可以在教练课程开始前使用这个工具，以此为基础与客户共同讨论未来的授权分派计划。

表 9-6　优先排序表示例

任务	a	b	c	d	e	f	g	h	i	j	k	l
a 给某客户打电话												
b 为评估做准备												

表 9-7　优先排序表

任务	a	b	c	d	e	f	g	h	i	j	k	l
a												
b												
c												
d												
e												
f												
g												
h												
i												
j												
k												
l												

5. 优先排序：重要性 / 紧急程度图

这是什么

这是优先排序的第二个工具，用于确定重要的任务和紧急的任务。

作用是什么

这是一个区分重要任务和普通任务的简单方法，也能区分那些既不重要也不紧急的任务。

何时使用

只要客户觉得自己需要完成的任务过多，就可以使用这个工具。这个工具比前一个工具的视觉化效果更好，它通过一个表格帮助客户确定任务的所在位置。客户一眼就能看出哪些任务是多余的，哪些任务需要立刻执行（见图 9-1）。

使用流程是什么

这个工具需要运用便笺。要求客户思考所有需要完成的任务，在每张便笺上写下一个任务。

写完后，在白板上画出一个四格型图。像图 9-1 一样，横轴标为"重要性"，竖轴标为"紧急程度"。横轴右角写上"高"，左角写上"低"。竖轴左上角写上"高"，左下角写上"低"。

现在，教练可以将客户写着任务内容的便笺贴在这个图上。每拿出一个任务，询问客户这个任务的重要性和紧急程度究竟如何。例如，如果一个任务既不重要也不紧急，便笺应该贴在左下角"低 / 低"的方格中。如果一个任务既重要又紧急，便笺应该贴在右上方的"高 / 高"方格中。

将所有便笺贴在合适的位置上。现在，客户可以清楚地看出哪些任务既不重要也不具有急迫性。你要与客户讨论是否有必要完成这样的任务——能否彻底放弃？放弃这个任务会有哪些影响？

对于那些重要但不紧急的任务，询问客户他们计划什么时候完成。

对于那些既重要又紧急的任务，立刻制订计划，先分析所有任务，再确定完成的优先顺序。表 9-7 提供的表格在这里或许对客户有帮助。

对于不重要但紧急的任务，教练也需要与客户一起制订具有针对性的计划，圆满完成这些任务。

小提示

完成重要性 / 紧急程度图后，客户通常会出现灵感，意识到一些任务完全没有必要，只是浪费时间而已。

你或许会发现，当表格完成、客户能够从大局出发后，他们的注意力会自然转到制订计划与确定时间框架上。在与客户的讨论过程中，可能会发现有些任务被放在了错误的位置上。

这个工具的优点就在于其简洁性。为客户留出充足的思考时间，他们自然能意识到哪些任务具有优先性。

所需时间

至少留出 30 分钟让客户完成整个流程并观察重要性 / 紧急程度图。这个工具也适合在教练课程开始前使用，你可以在此基础上与客户讨论如何制订计划并分派工作。

图 9-1　重要性 / 紧急程度图

第十章

计 划 未 来

——确定未来状态的工具

1. 人生事件

这是什么

时间飞速流逝，人们并不一定能对自己做出的选择存在清醒的认识，也不一定能意识到哪些事件对自己做出的选择造成了影响。这是一个用于反思的工具，我们可因此想起人生的关键瞬间，理解一些事件的影响，思考如何将这些事件为自己所用。

作用是什么

对于希望改变人生或者寻找资源帮助自己了解自身优势的客户来说，这个工具尤其好用。

何时使用

教练需要在教练课程开始前引入这个工具，让客户在后续课程中思考并使用。这个工具的优点在于可以触及人们的潜意识，通过关注"什么事件塑造了我"这个问题，让客户在课程结束后仍然能够认真思考。

使用流程是什么

这个工具分为三部分：第一部分是记录客户的人生事件（见表 10-1）；第二部分是反思这些事件，进入深度讨论（见表 10-2）；第三部分是职业规划。

运用表 10-1，要求客户回忆他们能想起的第一个重大事件。那时他们多少岁？发生了什么事？该事件对他们造成了什么影响？接着再让客户回忆第二个重大事件，以此类推。不断继续，一直回忆到现在。如果事件很多，必要时可以使用多份表格。

完成表格后，进入第二部分，使用表 10-2 中的问题对相关事件进行深入探讨。客户现在有什么想法？他们从这些事件中获得的信息能从哪个角度反映他们最重视的是什么？他们如何运用这些信息帮助自己在未来做决定？之后完成本章后面的"管理我的职业生涯"工具（见表 10-6）会起到很好的效果。

小提示

有些客户会想起更多事件。记住，你要寻找对客户具有重大意义的事件。

所需时间

教练课程进行期间需要留出 60 分钟使用这个工具。客户在教练课程结束后可能会受到启发，希望加入更多事件，所以教练可能需要在下一次的教练课程中留出20～30分钟进行讨论。

表 10-1 人生事件表（第一部分）

事件	年龄	影响
	现在的年龄	

表 10-2 人生事件表（第二部分）

回顾自己人生，请你思考以下问题。

在什么情况下、谁对你的决定产生了影响
到目前为止，你能在职业生涯或人生中找到什么主题或行为模式吗
这些主题或行为模式说明了哪些问题

（续表）

你对自己的人生有多大掌控力
过往经历是否体现了你的个人素质、态度或野心？如果是，具体是什么
在遇到困难时，对你帮助最大的是什么
哪些事能激励你？哪些事会让你失去动力

2. 发现模型

这是什么

当人们希望提升自己时，自己往往很难知道需要做什么才能实现突破。因此，一个有助于明确发展差距、制订行动计划的结构性工具就十分有必要了。如果没有这个工具，人们实现目标的概率就会大大降低。其实，人们很难知道自己从未扮演过的角色究竟需要哪些特质。

鼓励客户思考一个在某个角色中取得成功的人物形象，并列出他们在这个人物身上观察到的特质，这个工具可以帮助客户了解扮演不同的角色究竟是怎样的感觉。在此基础上，这个工具还能鼓励客户反思自身的技术与能力（包括优点和缺点），再从其他人的角度观察自己。这能让客户思考其他人眼中的自己，同时引入"过度优势"这个概念。例如，有人将"幽默、能和团队成员开玩笑"列为自身特质，但在外界看来，这样的人作为管理者可能不够强势，甚至有可能被看作小丑。由于教练能帮助客户进行反思，并客观公正地与他们展开对话，而不是像他们的上司那样直白地说出他们的不足，所以客户不会对教练的行为产生太多抵触和防御的心理。只要客户能够与教练坦诚地谈论自己与他人的差距，他们就能在教练的指导下制订出高质量的发展计划。

作用是什么

这个工具（见表 10-3）可用于确定显著的差距或者说"盲点"（其他人能看到

但客户自己没有发现的不合适行为）。发现模型能够使客户从不同角度观察自己。例如，观察自己的现状、外界对他们的预期、外界对他们的看法及缩小差距所需的行动等。

何时使用

这个工具尤其适合那些希望获得晋升但能力仍有欠缺（他们可能刚刚获得了为什么没能得到新职位的反馈意见）且无法理解不能晋升原因的客户。这个工具也适合那些以升职为目标，需要确定提高哪些能力的客户。当客户升职被拒、无法接受被拒原因时，这个工具能够发挥出它的最大价值。

使用流程是什么

首先，要求客户明确为什么会设定某个目标。鼓励他们认真思考自己给出的原因。例如，客户渴望获得"总监"这个职位，他们只考虑到这个职位能够为自己带来的物质收益，但没有认真思考这个职位为自己带来的更多责任。

先从企业角度进行观察。询问客户，他们所在的企业寻找的究竟是怎样的人。让他们思考一个榜样，比如已经获得客户梦想职位的人，要求客户列出这个人的特质和能力。不断推动客户列出一份细节详尽的清单。

接着进入"技术与能力"环节。鼓励客户写下自己所有的技术和能力，列出已经得到良好发展的优势，以及未来需要继续提高的地方。

接着带领客户进入"现实 vs. 观点"环节。其他人是否认为他们达到了所在企业的成功标准？他们如何确定其他人观点的正确性？客户需要对局面和现状拥有清晰、全面的了解。他们可能需要进行 360 度反馈练习，以便获得更为准确的信息，也可能需要与同事进行深入的交流。鼓励客户分析，需要做什么才能满足所在企业的成功标准，接着鼓励他们确定需要采取哪些行动才能带来明显的改变。在客户明确了所有差距后，与他们共同探讨弥补差距需要采取的行动，比如需要了解更多的行业知识等。

需要注意的是，人们不可能同时做好所有的事情。因此，当客户明了需要采取的行动后，鼓励他们分别列出短期和长期的目标并进行排序。

客户列出所有目标后，通过讨论以下问题，帮助他们对各个目标进行优先排序。

● 思考这个目标的重要性和紧急程度。

● 按照简单、中等、困难三个标准对所有任务进行评级。

● 以双赢为目标（企业和个人均能取得成功），以"回报"为标准对所有任务进行评级。

小提示

教练要确保自己与客户建立了极为融洽的关系，教练课程开始时你要为他们留出充足的时间谈论自身感受，特别是在他们升职要求遭到拒绝时。你还要确保自己的面部表情自然、展现出你的包容心，这样对方才能敞开心扉。为了避免客户出现戒备心理，讨论差距时教练要确保自己不使用价值观评判式语言或批评性语言。只有实现自我成长，客户才有可能弥补自己确定的差距。然而，客户也有可能选择无视相关信息，这时，你需要与客户讨论他们身上的"盲点"。

鼓励客户看得更远。例如，如果所在企业正在经历巨变，或者在某领域做出重大改变，客户需要放眼长远。企业外部可能存在与市场变化有关的信息，你要提醒客户需要考虑这一点。

询问客户，从长远来看，企业将会看重哪些技术和能力。或许在客户所在企业的内部存在能够成为客户导师的榜样。

所需时间

45 分钟。

表 10-3　发现模型

目标（在这里写下目标。明确希望实现这个目标的原因，并对这些原因提出疑问）	
技术与能力	**企业成功标准**
你如何看待自己拥有的技术和能力	你所在的企业对我们讨论的职位有怎样的预期
信息或问题	**信息或问题**
你认为自己的优势是什么 你觉得自己需要提高哪方面的能力 目标、发展计划与学习到的经验	愿景、使命、策略、价值观、目标、企业制度与文化、胜任力模型、市场调研、与高级管理人员的沟通、公司角色模型

（续表）

现实 vs. 观点	行动
其他人如何看待你 现实是什么 你是怎样知道的（证据 / 观察） 提出问题，向现实发出挑战	缩小差距、填补自己的不足之处需要哪些行动 （推动行动进行）
信息或问题	**信息或问题**
自我评估 推动客户收集信息 表现评估 专业评审 观察与反馈 指导对方、提出客观的反馈意见	最难接受的是什么 最重要的是什么 对你来说，怎样才能带来最大的改变

3. 理想工作设计表

这是什么

找到适合自己做的工作，这能让你在工作时充满乐趣。这个工具可以帮助你确定区分有趣和无趣工作的关键因素。

作用是什么

在运用这个工具帮助客户找工作时，教练需要集中关注他们的下一份工作和未来职业生涯中的特定需求。

何时使用

你可以用这个工具帮助客户确定适合他们的工作，或者帮助他们评估新的工作机会，确定新工作是否适合他们。这个工具也可以用于找出现有工作导致客户不开心的原因。

这个工具是一个结构化评估方式，有助于客户确定他们真正想要的是什么，确定做好一份工作需要什么特质，同时也能让客户得到一份对比不同工作时可以用上的优先事项清单。

使用流程是什么

这个流程由两部分组成。第一部分是了解客户过去与现在正在从事的工作中的喜好，第二部分是要求他们确定自身需求，明确新工作或理想中的工作是否满足这些需求。

使用表 10-4，要求客户列出他们过去的所有工作经历和现在正在从事的工作。随后，让他们列出这些工作让他们喜欢或者不喜欢的要点，分别记在"喜欢"和"不喜欢"两栏。

指导他们完成这份清单，让他们自由发散思维，回忆任何与这些工作有关的事情。尽可能多地获得与"喜欢"和"不喜欢"有关的细节，如果他们使用诸如"无聊"这样的笼统说法，你需要了解究竟什么让他们感到无聊，是工作流程无聊，还是工作内容无趣。整理完所有回忆后，让客户快速回顾自己写下的内容，查看是否存在遗漏。

现在，让他们关注"喜欢"一栏的内容，检查是否存在共同主题。是否存在他们真正喜欢的特定工作？可能的话，在纸板上或者另外一张纸上记下共同主题。用同样的方式对待"不喜欢"的内容，确定他们未来不想从事的工作存在哪些特点。

对每一个被确定为"喜欢"的因素，让客户从 1 到 5 进行评分，1 为不重要，5 为重要。对"不喜欢"的因素也要进行这种评分。

让客户想象包括所有"喜欢"因素同时尽可能少地包含"不喜欢"因素的工作类型。

将这些工作填入表 10-5，使用已经明确的"喜欢"和"不喜欢"因素；通过确定"我需要 / 想要什么"进行更深入的评估，进而满足自己的喜好。我们最好从积极角度开始这些工作，所以，如果一个"不喜欢"因素是"在开放式的办公室工作"，你可以将其转换为"拥有一个小型封闭空间"或者"有自己的办公室"这样的需求。

随后再从 1 到 10 做出评分。

如果客户已经想到了某个工作，你需要进入下一步，也就是将新工作与需求标准进行对比。

小提示

这个流程看起来复杂，但你开始执行后就会发现，整个过程其实很简单。关键在于明确所有的"喜欢"与"不喜欢"的因素，而且要让这些因素具备清晰明确的特点。理解这些因素对客户的重要意义，为客户提供一份优先清单，帮助他们将上述因素转换为个人需求。

最后一步也可用于评估新工作和理想中的工作，客户因此可以思考理想中的工作究竟能提供什么。这个工具也有助于客户将注意力集中到研究理想的工作上。例如，一个客户希望成为律师，但经过深入研究后发现，律师这份工作无法满足他对工作的很多其他需求。

所需时间

留出至少 60 分钟完成全部两个部分。当客户对理想工作和新工作邀请完成调查后，教练可能需要在后续的教练课程中进行跟踪调查。在下一次的教练课程中你可能需要留出 20 ～ 30 分钟讨论这个话题。

表 10-4　理想工作设计表（第一部分）

回忆过去自己所有的工作经历和现在正在从事的工作，尽可能详细地描述你对每一份工作的喜好。写下所有内容，为了回忆起所有兴奋、有回报、无聊、不满、让人生气的细节，你需要自由发散思维，回想每份工作自己喜欢和不喜欢的所有要点。细节越多，你就越能清晰地描绘一个场景，重新体验过去的经历。

过去与现在从事的工作	喜欢	不喜欢

表 10-5　理想工作设计表（第二部分）

回顾表 10-4 中"喜欢"栏与"不喜欢"栏中的内容，找出共同主题。是否存在你真正喜欢的、某种特定类型的工作？如果存在，就写在纸上。观察那些让你喜欢的因素，这些因素能够让你明白自己对新工作的需求是什么。从 1 到 5 对每个因素做出评分，5 为非常重要，1 为不重要。

如果客户正在考虑找工作或者已经找到了一份新工作，写下这份新工作能够提供什么。再次从 1 到 5 对这些因素进行评分，5 为非常重要，1 为不重要。

现在，你已经设计出了专属自己的评估职业机会与寻找工作机会的标准。

工作	我的需求	得分	新工作能够提供什么	得分

4. 管理我的职业生涯

这是什么

研究显示，所有真正取得了成功的人都在人生的某一刻确定了自己的未来目标并制订了实现目标的详细计划。而且，那些成功的人会不断审查这些计划，确保自己不偏离正轨，也会在必要时修改计划。写下长期计划，确保自己的职业生涯在正确的方向不断前进，这一点尤为重要！如果不能关注大局和最终目标，人们很容易偏离正轨、错失机会。我们在前面说过一句话："不知目标何处，势必流落他处。"这句话适用于那些无意间发现自己陷入错误角色，且由于各种原因无法轻易抽身、不能发挥出自己真正潜力的人。

如果每个企业都不去设想未来、制定战略、实现目标，这会带来什么后果？如果人们把自己想象成一个公司，比如"我自己"股份有限公司，他们就能理解拥有长期目标、制订计划实现这些目标的重要性。另一个要点在于，那些成功的人的一个共同点就是拥有强大的人际网络，并且拥有不断拓展人际网络的能力。而人际网络不是偶然出现的。一个人需要认真思考与策划，才能经营好能够支持自己实现职业目标的人际网络，虽然也有一些人实际上并不喜欢经营人际网络。

作用是什么

这个工具为客户设计了一种结构性流程，能够让他们认真思考自己的职业，并制订拓展自己人际网络的详细计划。这个计划可以定期审查并修改，以确保客户清楚地了解自身的目标和实现目标的方法。

何时使用

当客户进入职业生涯的十字路口，或者对未来陷入迷茫时，这个工具尤为好用。

使用流程是什么

询问客户希望制订多长时间的计划，比如是 3 年还是 5 年。你要让客户设想自己的未来，想象自己那时的样子。那时会承担怎样的角色？要求他们尽可能地描述细节。他们会在什么样的公司工作？职位如何？他们会管理一个团队还是一个项目？他们在学习什么？会处在怎样的环境中？如何获得成长？他们的一天是怎样度过的？

当客户明确了成功的定义后，你还要让他们思考自己需要培养哪些能力才能承担那样的角色。要求他们将这些能力与自身现有能力进行对比，并将这些信息填入表 10-6。让客户思考自己现有的哪些能力在转换到新角色时仍可以使用，又有哪些能力需要进一步提高。再让他们思考哪些人可以帮助自己，将这些信息也填入表格中。

通过将最终目标拆分为多个阶段性目标，协助客户制订行动计划。

小提示

现阶段客户可能无法确定自己希望扮演什么角色，但他们在了解了自己的工作能力后，心中应该会有自己的计划。

所需时间

45 分钟。

表 10-6 管理我的职业生涯

愿景——我希望在……（时间）前实现什么目标
我会承担什么角色？我会在什么样的公司工作？我会管理一个团队或项目吗？我处于一个怎样的环境中？我的一天是怎样度过的
那时我需要具备怎样的技术和能力
目前我拥有哪些能力在转换到新角色时仍可以使用
我需要提升哪些能力

我的人际网络：当前我的人际网络是什么状态，未来需要变成什么状态

会为我大唱赞歌的人	对我的表现会诚实地提出反馈意见的人	会向我发出挑战、激励我成长的人
会向我提供正面情感支持的人	能够帮助我了解某家企业的人	能够帮助我做出人生和职业决定的导师
有权力的人	能够帮助我获得更多关注的人	能够帮助我拓展能力和知识的人

（续表）

具有积极作用的榜样	会高度赞扬我和我工作的人	人际网络强大、可以将我引荐给其他人的人

我需要怎样做才能培养和提高可转换的能力 / 丰富知识，并拓展自己的人际网络，为自己的下一段人生做好充足的准备

需要怎样做	截至何时需要做到	谁会提供帮助

第十一章

着力培养女性

——指导女性的工具

1. 通过优点画像明确超能力

作用是什么

很多时候，我们的自我培养活动都是从自己的弱点开始的。事实上，我们过于习惯寻找自身的弱点，而且把焦点都集中在弱点上，以至于不重视其他人的赞扬，反而要求对方先提出批评意见。这种现象在女性中尤其普遍。如今的大量研究均支持以优点为基础的培训模式，这些研究也表明，真正了解自身优点并充分利用、只在真正需要使用弱点去工作时才去自我提高非常重要。如果这些弱点决定了他们能否取得成功，那么他们应该思考的是现有的职位是不是真的适合自己。

何时使用

不管处于职业生涯的哪个阶段，所有女性都适合使用这个工具，这个工具在提升自信、让人们关注自身真正的优点方面尤其有用。从别人那里收集反馈意见的过程中，人们经常收到他们从未听到过的评价（也许他们曾经收到过这样的评价，但他们自己没听到）。这样的信息本身就能立刻起到强心剂的作用，这些信息也能被用作参考文件，人们可以在信心不足时重新阅读。这个练习通常可以帮助女性理解自身取得成功的原因，或者了解为什么在工作（或部分工作）中陷入挣扎。这个练习可以帮助女性思考对自身的认知，从而引出了解制约信念的第二个练习——如果他们怀有影响自身信心的信念，但收集到的证据却表明其他人对他们持有相反态度，他们就应该想办法改变自身的信念。尽管阅读"优点反馈"能够起到帮助作用，但现实中显然存在更有深度的工具，能够帮助人们改变对自己的认知。

使用流程是什么

（1）教练首先需要向客户简单描述这个练习的目的，告诉他们参与这个练习可能得到什么收益。与他们讨论各种担忧的事情，也要讨论他们可能邀请参加这个练习的人群范围。表 11-1 ～表 11-5 含有完成这个练习所需的全部提示，还附有一个完整的实例。

（2）当客户完成练习后，教练需要与他们一起审核信息，了解他们在自己身上发现了什么，确定他们找到了什么模式与主题，以及这些模式与主题对他们有什么意义。提出一些试探性问题，确保他们接受了反馈意见（有时他们会想办法拒绝，或者断言人们只是"很善良"才会赞扬他们）。

（3）接下来，使用优点画像表与客户讨论，他们究竟在多大程度上利用了自身优点，以及他们拥有什么机会可以更多地利用自身优点。如果他们难以找到利用自身优点的机会，教练需要和他们探寻这种情况的成因：是上司在阻挡他们吗？是职位让他们没有发展空间，还是职位本身不适合他们？确定了他们能利用自身优点后，扩大教练课程的讨论范围，与他们讨论该与上司或其他人怎样对话才能清除面前的障碍。教练应让客户告诉自己，他们准备如何向其他人展示自己的优点，以保证给其他人留下自信且坚决的印象。

小提示

提前与客户讨论他们预期中其他人的反馈意见也许是个好办法，看到客户的优点画像后，教练就可以帮助他们对比自己的认知与现实——两者之间的区别到底有多大，是什么导致了这种区别？如果想推动客户进行这个练习，教练可以与他们一起完成"第一步"，并且思考一些有用的试探性问题，但要鼓励客户留出时间独自反思，因为只有这样这个工具才能起到最好的效果。

所需时间

向客户简单描述需要 5 分钟，共同进行"第一步"需要 30 分钟，审查画像需要 45 分钟。

以下是教练课程开始前需要交给客户的信息。

优点画像练习

按照以下步骤，绘制自己的优点画像。

第一步：反思自己的优点

回想自己在工作中表现优异的时候。当时你的优点是什么？当时是什么情况？你有什么感受？在表 11-1 中记下这些优点、情况与感受。然后进行第二步。

表 11-1　我的优点

你的优点是什么	当时是什么情况 发生了什么事	你有什么感受

第二步：他人眼中你的优点

选出一些能够诚实地对你的优点提出反馈意见的人。最好有 10 人（但超过 5 人就可以），这样你就能全面了解自己的优点。这些人应当包括现同事、朋友、家人，如有可能，也应该让过去的同事加入。

要让他们思考你状态最好的时候是什么样子，还要让他们讲出可以支持自己观点的小故事。教练与客户讨论时，可以使用以下问题。

- 他们会说出你的哪些优点？
- 当你状态最好时，你在做什么？
- 你的积极贡献是什么？

参照表 11-2 在表 11-3 中记录你的想法。

表 11-2　优点反馈表示例

我与谁交流	他们看到了我的哪些优点	主题与模式
1. 同事	热情，坚持，幽默	我不会轻易放弃。我能看到事物有趣的一面。我在讨论时充满活力
2. 好朋友	坚持，忍耐，乐于助人	我善于在艰难情况下帮助他人。我很有活力
3. 上司	善于建立人际关系，有创造力，有大局观	我能想象出局势的发展情况。我能与他人和睦相处

表 11-3　优点反馈表

我与谁交流	他们看到了我的哪些优点	主题与模式

第三步：确定主题

与所有人交流后，寻找一个安静的地方，思考确定下来的优点及获得的反馈意见，同时重新审视自己，这样就能对自己有一个全新的了解。在这个练习中确定的有些优点是你早已知道的；你可能没有意识到自己拥有其他优点，但你总能自然而然地发挥这些优点。在表 11-3 的最后一栏中，写下你能够分辨出来的主题与模式。

第四步：绘制自己的优点画像

以分析中越来越清晰的主题与模式为基础，写下几段话总结自己善于做什么事和自身的优点。参照表 11-4 在表 11-5 中记录自己分析与思考的内容。

表 11-4　优点画像示例

主题与模式	个人声明	案例
1. 坚持	为了实现目标，我努力克服眼前的任何困难。我能感知到幽默	鼓励团队集中精力取得最佳结果。与丽莎紧密合作，直到紧急情况得到解决。关注需要完成的工作
2. 赋权	我相信每个人都有能力做好一份工作。我喜欢帮助别人	帮助同事意识到她能实现自己设置的目标。帮助丽莎在局面不利的情况下保持高昂情绪

表 11-5　优点画像

主题与模式	个人声明	案例

未来做决定、做选择时你可以使用这个画像，当然也可以在局面艰难时使用这个工具提醒自己，你其实是一个非常优秀的人！

2. 通过改变信念提升自信：内心中的对话及对"那个声音"的管理

作用是什么

很多时候人们意识不到，他们在心里对自己说的话、他们对自身的看法究竟给自己带来了多大的局限。教练课程中通常存在一个"突破瞬间"，客户在这个瞬间意识到自己才是阻碍自身前进的障碍。这种现象的根源通常是因为客户存在自我制约的信念，有时甚至存在多个信念，这样的信念会极大地阻碍人们的成长，当内心的对话不断强化这样的信念时尤其如此。

每个人的大脑里都有一个声音——只要问他们，他们都会说自己的大脑里进行着对话。这样的对话有时能起到助益，人们通过内心中的对话从现实中学习经验教训，以提高自身能力；但更多时候，这样的对话都是在批评指责，有时甚至能产生破坏性作用。这个工具可以帮助人们理解到底是什么控制着他们大脑中的声音，在此基础上让内心的对话更能起到建设性作用。

何时使用

当客户提到自己面临困难局面或者在重要事件发生前后自己大脑里产生对话时，你就可以使用这个工具。当你听到对方说出明显受到制约信念影响的话语时，你就该动用这个工具出手干预了。注意类似"我知道我应该……（暗示内心有声音告诉他们不该做什么事）""我觉得自己太蠢了 / 不合适 / 太傻了（暗示他们对已经发生的事情思考过度了）"或其他暗示存在思维干扰因素的说法，并深入探究——这种感觉究竟从何而来。发现了这个问题后，使用这个工具通常都能起到很好的作用。

使用流程是什么

首先要做的就是应对客户持有的制约信念，让他们了解如何改变这样的信念。如果能让客户准确地说出制约自身的信念究竟是什么，那么这个过程就会变得非常简单。也许你需要多次询问客户的制约信念是什么，然后准确复述自己听到的答案，了解自己的复述是否准确。当你认为自己获得所需的答案后，使用下面的问题帮助客户改变信念。说到"你更希望有什么信念"这个问题时，你需要向客户大声重复新的信念，以便他们在进行下一步前能够进行一定程度的试验。举个例子，你可以说，"你更愿意相信自己有权利管理其他人 / 你非常自信 / 你能做出有意义的贡献"。随着越来越接近最后一个问题，你通常会发现客户会自嘲地笑着说，阻碍他们接受新信念的唯一障碍可能就是他们自己！

可以改变制约信念的问题：

- 这个制约信念最初源自何处？
- 这个制约信念以什么方式限制了你？
- 是什么让你认定这个信念是正确的？
- 这个制约信念为你带来了哪些好处？
- 坚持这个信念对你、你的家人和你的健康带来了哪些影响？
- 你更希望有什么信念？（需要留出足够的时间，让客户说出新的信念）
- 有了新信念，情况会如何改善？

- 新信念有可能导致局面恶化的方式有哪些？
- 是什么阻止你接纳这个新信念？

练习的第二部分

帮助客户找到新的信念后，下一步就是将这个信念刻入他们的大脑，保证这个流程不被干扰。

- 询问客户是否觉得大脑里有一个声音，如果对方给出肯定的回答（几乎每个人都会这样回答），打消他们的疑虑，告诉他们这种情况完全正常，跟你交流过的几乎每个人大脑里都会发出声音。询问对方，这个声音是在帮助他们，还是在妨碍他们。绝大多数人会说那个声音是一种妨碍，让他不自信。询问对方那个声音是在什么时候干扰了他们的思维，以此确定那个声音带来负面影响的具体时间。
- 让客户允许你和他们尝试一个新方法，当他们同意后，让他们闭上眼睛，想象"那个声音"的样子。客户可能觉得这很难，所以你可以提出一些问题激发他们去想象：是一个人，还是一个形状，要么是漫画或卡通形象。
- 现在，问客户那个声音听起来像什么。人们通常会说听起来像一个他们认识的人，或者一种"让人讨厌"的声音。让他们换一种声音，加快语速，让这个声音听起来像卡通角色，让声音变尖或者换成其他类型。问他们："这让你感觉更好，还是更糟糕了？"一般来说，他们会告诉你，改变声音能够减弱那个声音的威力。如果没有改变，那就让客户再换一种声音。
- 接下来，让客户向前伸手，伸直手臂，手掌向上，让他们把"那个声音"放在向上的掌心里。让他们看着"那个声音"，在"那个声音"离开自己时说出任何让他们感觉更好或更糟糕的话。客户在绝大多数时候都会表示，"那个声音"离开大脑后他们感觉更好，所以你应该帮助客户明白，他们可以随时在大脑中去除"那个声音"。
- 现在询问客户，他们想怎么处理"那个声音"。一般来说，他们都想用手拍桌，或者扔掉"那个声音"。不管他们怎么做，你都要轻松地与他们一起去做。
- 引导话题，转向讨论控制权。他们需要知道内心的想法何时不受控制，要尽快控制自己的思绪，进而确保以积极的态度看待自己。

小提示

你要留出足够的时间，与客户深入探讨他们的制约信念，了解是什么阻止他们前进，明确这些信念对他们的影响。还要仔细倾听，并分辨可以在练习的第二部分使用的主题、模式与内心对话。进入练习的第二部分，当客户表示他们愿意坚持新信念后，你可以告诉他们，你有一个能够帮助他们的工具，但这个工具会给人些许怪异的感觉。得到对方许可后进行尝试。最初问客户声音是什么样子时，对方可能会有些犹豫，觉得难以描述，但不要因此泄气。你要保持沉默，给他们留出思考的时间。如果你需要提示对方做出回答，你可以平和地问："你看到了什么？"要默默地鼓励对方，并向他们保证所说的一切都是正确的（不管听起来有多怪异，你的脸上都要露出肯定的表情）。你要保证在对方决定"抛弃"那个声音时没有引导他们，抛弃的决定是他们自己做出的。有些人想把手拍在桌子上，有些人想把"那个声音"弹开，也有些人想把"那个声音"扔掉。这完全是客户的决定。未来再次提到"那个声音"时，你要保证按照客户的描述方式进行复述。

所需时间

45 ～ 60 分钟。如果客户能够相对快速地确定"那个声音"的形状与声调，这个流程就会进行得非常快。做好准备，进行 5 ～ 10 分钟的复核，强化这个工具的应用，了解这个工具的效果。

3. 建立信心：确定内心的团队

作用是什么

很多女性受困于信心不足。即便那些表面上看似掌控一切的女性，心中可能也在与各种各样的恐惧斗争。这个工具可以帮助人们真正在"未来理想状态"的基础上管理自身行为，借此塑造出理想的最佳状态，进而掌控自己即将面对的局面。这个工具可以帮助人们在行为上有更多选择的机会，也能让他们拥有强大的具象化能力，在他们面对困难局面时产生娱乐与放松的效果。这是一个简单的具象化工具，教练可以和客户一起进一步完善。客户可以保留一份与这个工具相关的文字记录，以便定期查看，确保不会忘记这个可以随时使用的工具。

何时使用

不管是在特殊情况还是日常生活中，只要客户表示自己不够自信，你都可以使用这个工具。当客户适应了"具象化"这个概念，你们也按照前面的做法讨论过每个人大脑中出现的"那个声音"后，你就可以使用这个工具进行补充。当客户即将面临让他们紧张的重大事件，或者告诉你他们总是处于自己无法应对的艰难局面时，这个工具都能起到很好的作用。此外，如果你面对的是一个因为担心自己给他人的印象不好而导致信心不足的客户时，这个工具也非常有用。客户可以根据当时的情况选择"玩家"（指描述性词语，代表日常行为），定期检查自己的选择是否合适，确定做出的选择是否需要调整。

使用流程是什么

与客户讨论的过程中，做好在表 11-6 中进行记录的准备。你可以在课程结束后详细录入并完善信息。

首先，与客户宽泛地讨论他们对自己的看法，了解他们在特定情况下的行为举止，以此确定他们使用什么词描述自己——这些词可以作为"不可换人的房间"里的"玩家"。提醒客户，不管什么情况，选择进行哪种行为的是他们自己，与他们探讨他们在选择正确行为时可能会遇到的困难。讨论出来的结果可以用来定义"团队玩家"，所以你有必要对这一过程中的信息进行记录。

接下来，让客户想象某种形式的运动场——如果他们过去喜欢某项运动，比如网球、冰球或足球，他们可能会选择对应的场地进行想象。如果客户不喜欢运动，那就让他们选择一个能让自己感觉舒服、能够想象出来的场地。

让客户宽泛地思考，他们愿意选择那些能够帮助自己应对任何局面，或者在实现目标的过程中能起到重要作用的日常行为。留出足够时间让他们思考这个问题，明确并记录他们说出的内容。明确"玩家"都是他们的日常行为，保证与客户的讨论覆盖了全部领域，也就是说，讨论的内容不仅要覆盖能够支持他们实现目标、完成任务的行为，也要包含与平衡工作、生活有关的事情，比如随机活动。

表 11-6　确定内心的团队

团队		
主要场地	可换人的房间	不可换人的房间
比如意志力、自尊	比如专业精神、生产效率	比如没有耐心、碍自我
一些行为建议		

（续表）

积极行为	应当消除的行为
意志力 自尊 纪律性 同理心 快乐 随机活动 专业谨慎 满足 自信 乐观 平衡 控制	无价值 低自尊 贪婪 没有耐心 不宽容 背后破坏 极端 负罪感 唠叨
使用这个模板，让人们确定他们选择的"玩家"如何支持他们，例如：	
意志力	控制自己的渴望 坚持某个行为 相信自己能坚持某个行为
自尊	提醒自己自爱 相信自己配得上快乐 能够坦然面对自己
职业精神	知道何时停止 说符合局势的话，做符合局势的事 从事件中学习经验教训，不陷于负面情绪中不能自拔

　　当客户对"主要场地"一栏的内容感到满意后，还需要考虑其他情况，以及客户偶尔需要使用的其他"玩家"。这既可以为未来做准备，也可以为演讲或开会这种定期发生的事情做准备。客户应当把这些"玩家"留在"可换人的房间"，在需要时使用。

　　最后，让客户思考他们希望消除的行为——也就是那些被锁在"不可换人的房间"里的"玩家"。需要再次强调的是，尽量多地听取客户的观点，但不做讨论与评价，再向客户复述填写后形成的名单，确保名单完整。

小提示

　　当你与客户关系高度融洽、对方愿意采用有创意的方法时，这个工具能够起到非常好的效果。

这个工具涉及的内容值得在教练课程中进行讨论并定期回顾，以了解客户确定的"团队"如何支持自己，同时以此为象征讨论特定情况，比如"如果在这种情况下让'信心'上场，你觉得他们会说什么？"

还可以对这个工具进行补充，那就是让客户想出一个他们特别欣赏的人，他们知道这个人在面对困难局面时能以他们心目中的理想方式应对。与客户讨论他们特别欣赏的那个人，讨论了客户在那个人身上注意到的行为以及他们在面对困难局面时展现的特质后，你可以建议客户把这个人加入"团队"，让他陪伴客户共同面对难题。你有必要教会客户提出"X会怎么处理这个情况"这样的问题并找出答案，好让客户决定是否让那个人在精神上陪伴自己时以这个答案为参考。

所需时间

大约需要 45 分钟讨论并确定"团队"成员，未来的教练课程中再抽出 10 分钟时间复核。

4. 寻找榜样，培养情商

作用是什么

情商（EI）可以成为成功的重要指标，对处于领导层的女性尤其如此。一般来说，女性认为自己必须采用某种行事方式才能成为领导者。但现实并非如此。通过展现高水平的情商，人们也可以做一个真实的人，可以成为优秀的领导。有权威性、情商高、能漂亮地解决纠纷，既有适度的自信又有合适的幽默感，这样的女性领导者能给人留下深刻的印象。我们在指导女性时经常提到的一个词是"庄重"，但这种形象难以用语言描述。庄重并不一定是有形的。因此，能够找出拥有高情商的人，研究并实践观察到的行为特点，就是我们自身获得学习并成长的最佳方法之一。

何时使用

在情商的问题上，本书前面提到的一些工具在"自我调整"方面能起到很好的作用；而这个工具关注的则是"对他人的关注"以及"构建人际关系"。我们可以用两种不同的方式完成这个练习。你可以与客户讨论一个（或者多个）他们认为拥有高情商的人。你也可以让客户在一段时间里自行使用表格，由他们自己寻找可观察的同事，并反思自己观察到的情况。鼓励客户留出时间去观察并思考他们遇到的任何让人印象深刻的人，以便得到可供讨论的资料，并以此为标准评价客户的情商是否得到提高。单纯地进行与情商有关的讨论可能非常无聊、过于理论化，所以在现实中寻找案例可以加快学习进程。

使用流程是什么

确保客户真正理解了"情商"的含义——图 11-1 所示的模型是一个有用的工具，可以提醒客户关注情商的要件。与客户讨论职场中情商的重要性，特别是担任领导职务的人，让对方思考自己在每个要件上的表现如何。

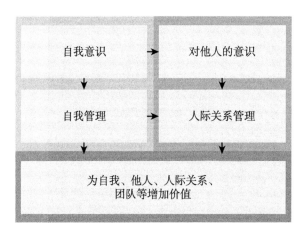

图 11-1　情商模型

接下来的步骤很简单，客户确定一个在组织机构中与自己互动的同事或经验丰富的员工，前提是客户欣赏这些人的行为。让客户使用表 11-7 深入了解，在那些人身上观察到的哪些细节让他们觉得对方拥有高情商。留出足够时间探讨每一个问题，让客户想象正在做某些行为的那些人，思考自己看到了什么、听到了什么，也要让他们思考自己在那些人身边时会有怎样的感受。如果客户不确定该怎么回答某些问题，你应该让他们下一次更专注地观察那些人的行为，以便确定那些人取得成功的原因。

这个练习可以按照客户的意愿进行多次（但不一定能找到可供观察的拥有高情商的人）。如果客户愿意，你可以提出建议，让他们采访某个自己特别欣赏的人并与之探讨观察结果，深度探究他们与那些人互动时的心理状态、那些人在特定情况下的感受，以及那些人自我管理、控制情绪时使用的方法。这是一个非常有用且极有成效的工具，可以让客户不断提高自己的情商。

小提示

进行这个练习前，你要确保客户真正理解情商的定义。如果希望更深入了解这个工具，可以关注丹尼尔·戈尔曼（Daniel Goleman）的著作。当你让客户思考被他们观察的人使用的语言时，你需要强调，这些在困难情况下可以使用的具有强大力量的语言，未来将能起到重大作用。

表 11-7　寻找榜样，培养情商

欣赏的人
关于他们的情商，我重点观察到了什么？
他们使用的词句是……
他们的语调是……
他们的非语言行为是……
他们对其他人的行为带来了什么影响？
他们在与他人建立融洽关系时，我能注意到什么？
是什么让他们的说话方式那么强有力？
他们使用的哪些强有力的语言值得我记忆？
他们如何处理纠纷？
他们如何利用身体语言彰显自己的权威？
他们如何控制自己的情绪？
我需要做什么才能像他们一样？
为了提高自己的情商，我需要采取哪些具体行动？

所需时间

如果客户不了解情商的概念，你需要用45分钟时间与客户讨论，在客户开始寻找榜样前让他思考如何将情商运用到自己的人际交往中。如果他们理解这个概念，那你可能只需要10分钟去提醒他们再次关注，再让客户用30～40分钟时间去寻找榜样。

5.处理与上司的关系

作用是什么

不管是身处直线型汇报环境还是矩阵型汇报环境中，越来越多的人开始在处理与上司的关系时寻求外界帮助。如今的职场压力，加上工作节奏、地理环境的挑战及工作中复杂且不确定的环境，使员工面临着越来越多的挑战。人们面对管理层时面临着众多困难，他们被要求获得更多的资源、不断延后最后期限、让管理层接受新观念，有时管理层需要的只是高效的管理方式。这些都是很难提出要求的，客户得到支持，才能以正确的方式向管理层提出要求，进而最大限度地增加向上传达信息的机会，或者只是被上司听到的机会。

何时使用

如果客户谈到被人管理的方式，或者抱怨上司的领导风格，你就可以使用这个工具，特别是在客户情绪激动的时候。如果你在泛泛而谈的聊天中发现客户受到阻碍难以实现目标，这个工具就能切实地起到作用，帮助他们探讨问题、获得解决方案。此外，如果客户及其上司陷入僵局，这个工具也能帮他们从客观中立的角度审视当时的环境，考虑该对上司说出什么样的话。

使用流程是什么

如果你觉得已经明确了客户希望解决的问题和客户希望获得的结果，接下来的流程其实很简单。

- 让客户深入详细地讲述自己的问题，经常向他们复述你听到的内容。在客户的话语中寻找主题和情绪性语言，以便确定真正的问题，探讨任何你认为客户的观点出现扭曲的地方。
- 引导客户完成表 11-8，使用适合当时环境的问题。
- 留出时间讨论客户上司的动机与担忧，好让客户真正能从其他人的角度看待问题。
- 重点关注开场白和与客户开启对话的形式——如有必要可反复多次讨论，直到客户完全适应这个方法。
- 如果问题在于客户需要上司提供一些东西（比如资源或预算），你要与客户合作，想办法让客户与上司交流时提出的是一份真正的业务方案。当人们与上司交流时，大多时候会被认为不是在探讨业务，而是在抱怨。如果你能帮助客户向上司证明业务收益，他们提出的要求就更有可能得到认可。

小提示

确保客户全面了解了真正的问题（详见 ORACLE 模型）后再让其与上司交流，这样他们才能真正从根源处解决问题。即便完成这个练习，他们可能还会因为与上司交流而紧张，所以你要帮助他们变得更有信心，也要确保他们与上司的对话在现实中具有可操作性。使用这个工具时，客户必须对自己接触上司的理由、对自己想要的结果充满自信。即便你认为某个做法是正确的，你也要小心，不要引导或力推客户朝某个方向前进。

所需时间

回答全部问题需要 45 分钟，但你可能需要让客户在他们真正与上司对话前再完成一次教练课程，特别是在客户对这样的对话感到紧张时。

表 11-8　处理与上司的关系

准备工作
具体发生了什么，使你必须和上司交流
没有发生什么事，使你必须和上司交流
这种情况的理想解决方案是什么
同意你的建议／接受你的理念／改变行为，你的上司能获得什么收益
你的上司现在有什么想法，或者说他们相信什么
他们最亟待解决的问题是什么
他们有什么疑问
寻找机会
什么时候是讨论这件事的好时机
在什么地方讨论这件事最合适
你需要提前做什么以让上司为这次讨论做好准备
管控对话
开场白：如何调动上司的积极性，如何明确地描述事件
应该提出的问题
应当使用／避免使用的语言
结束语：如何让自己的提案具有吸引力
获取承诺
你需要得到回答、获得支持的最后期限是什么
什么可以协商／不能协商
如果得到对方的承诺，你会做什么

第十二章

在改变的过程中执教

——共同打造机构性改变的工具

1. 创造团队教练氛围

这是什么

在变化的环境中有一个可以使用的教练工具，这个工具建立在"宣言"的基础之上。所谓宣言，是目的、目标和动机的声明。在团队教练的环境中，宣言有助于引发人们合同开启对话。

以下用于举例的宣言中包含四个互相关联的目标：

- 在未知环境中享受快乐，好奇心比结果更重要；
- 活在当下，而不是专注于某个阶段；
- 倾听而非质疑；
- 创造安全空间，而非对舒适区发起挑战。

图 12-1 用视觉化方式呈现了这个宣言，从而激发人的创造力，让藏在大脑深处的知识显现出来——有时只看一份清单是不够的。

拥有两个看似矛盾的声明其实是在提醒我们，尽管我们希望保持好奇心、活在当下、被倾听并拥有安全感，但我们也需要取得结果、专注于课程、提出问题并且想向自己的舒适区发起挑战。

如果我们把每个声明想象成一种连续状态，那么在教练课程中尝试新思维、新感受与新方法时，我们就会在这些连续状态上摇摆。

作用是什么

指导经历改变的人们，可能是作为团队教练最有收获也最有难度的工作。进行这样的教练工作，教练需要拥有不同于指导个人的技能，也要有能力应对团队。这就让教练在服务客户的过程中离开舒适区成为必要操作。

对于身为教练的你，拥有一份宣言可以帮助你与团队合作，这是因为宣言可以用作一种参考标准。宣言也能帮助你所执教的团队，因为这能让团队成员明确加入这个团队的目的、目标和动力，让他们记住自己想要实现的目标。

何时使用

这个工具可以在团队教练流程中的不同阶段使用，帮助教练和团队成员了解自身经历改变的情况。你可以在课程开始前与人们的交流中使用这个工具，你在这个过程中与每个人订立教练合同，确定他们有资格参加团队教练课程。这个工具可以提供一种视觉上的刺激，让人们对团队教练课程可能的形态进行讨论。

比如，你可能希望通过宣言去探讨团队合作中的一些担忧、疑问和渴望。或者说，你可能希望在教练课程中引用宣言去引导谈话方向。

宣言在教练课程结束后也能成为有用的复核与学习工具，你可以提出一些简单的问题，比如"我们在这个宣言的各个部分做得究竟怎么样？"

使用流程是什么

宣言的内容不存在固定的硬性规则。你可以用自己和团队认为合适的内容开头。比如，也许你会用组织机构的文本确定自己的宣言内容，比如以组织机构的价值观作为自己的价值观。这个例子的灵感源自"简约改变"（Lean Change），核心概念源于国际教练联合会确定的教练核心能力。

简约改变的理念源于和参与团队教练的客户对话。这些人问到了简约改变的目的和动力。因此，这样的流程要么在教练课程中由培训双方共同创造；要么像这个案例中一样受一段对话启发，作为开场白引入团队教练的讨论中。

以下是这个案例中的共同创造流程。

（1）从教练课程开始前与客户的对话中选择一些主题，加入宣言中。

（2）以你和客户的交流内容为基础确定一份声明，表明你的工作方法及与客户之间的张力关系。你们双方在这个张力关系中如何持有不同观点？谁的观点占据上风？

（3）与团队讨论如何理解宣言。比如，你可以提出能够考验团队成员与对宣言的理解、认同与投入程度有关的问题。他们想保持现有宣言不变吗？他们想修改宣言吗？他们如何知道自己走在正轨上？如何知道自己偏离正轨？团队的合作方式可能意味着什么？团队与教练的合作方式可能意味着什么？

在这个案例中，双方的对话可能按照如下方式发展。

"在未知环境中享受快乐"的基础，是把"探索"看得比"解决方案"更重要。重要的是对探索保持开放心态，同时愿意接受自己的无知。我们应该承认自己无法控制结果，我们能控制的只有当下自己的行动。所以尽管期望结果，但我们认可，好奇心才是结果的驱动力。这就引出了"活在当下"这个话题。

"活在当下"的重点是建立深层次的人际联系，好让彼此心意相通。关注当下正在发生的事情，全身心投入身边发生的一切中。允许自己为成长创造足够的心理空间。当我们深层次地倾听了当下正在发生的一切后，我们才能获得成长。只是存在还不足够，存在并展现自己的方式才是重点——这为深层次的倾听创造了可能。

"倾听而非质疑"。真正做到倾听时，我们就为其他人创造了探索的空间。在倾听他人的过程中，我们也培养出了更全面倾听自我的能力。在这样的空间里，我们可以观察正在发生的一切。重要的是要适应沉默，留出思考空间，以便问题自然出现。

"创造安全空间"要求我们清醒地知道正在发生的事情，拥有共情能力，能够支持他人。我们有能力观察正在发生的事情并做出本能反应与声明。我们知道自己能够本着互相支持的精神去理解他人。我们和他人共同打造一个安全空间，去探索各自安全区域的边界，在知道有人支持自己的情况下走到安全区域外。

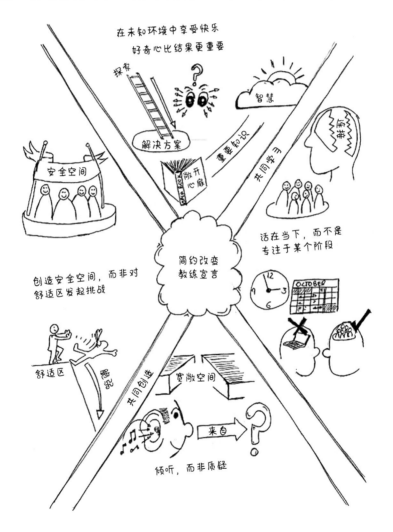

图 12-1　简约改变教练宣言

小提示

- 保证具有视觉化效果，使用能够反映对话内容的符号和图片。
- 制作出第一版宣言，让团队自行修改升级。如果拥有在线分享工具，你也可以上传这些内容，让团队成员自己解读。
- 图片可以引发对话，在团队教练课程中使用音乐，了解团队成员对宣言的感受。以此为工具，运用在团队教练课程的讨论中。
- 不要过度思考——一切都会在对话中自然而然地出现。
- 不要过于在意图的样子——想到什么立刻修改，在团队学习的过程中不断修改宣言。

所需时间

先制作出第一版宣言，激励团队交流。理想情况下，人们会开始讨论尝试不同理念——用 30 分钟将宣言写在纸上，然后与团队成员交流。

2. 为指导团队打造工具

这是什么

指导团队中的人们取决于三个互相关联又互相竞争的力量：任务、限制因素和氛围，即 TLC。TLC 是打造指导团队工具的基础，因为这是在提醒我们：我们始终在寻找为取得特定结果而设计、可以在特定时间范围内使用的工具，其可以用于应对某个团队、某些教练方法（比如面对面、线上执教等）和教练课程的背景氛围所存在的局限。这里的氛围既包括物理环境，也包括团队和机构的形态机制。

工具本身是一种载体，让客户通过探索、自我意识与洞见寻找属于自己的答案。所有教练的干预手段都取决于不同的背景环境——在这部分介绍具体的工具可能并不合理。

这里所说的打造指导团队工具的方法从一个简单的理念出发，让人们在没有指向性内容的前提下思考，创造出一个简单轻松的框架，帮助团队获得理想的结果。掌握教练技能的核心，就是控制自己介入、引导话题的欲望。

以下是典型的工具类别：

- 2×2 箱式模型，一般有 x 轴和 y 轴；

- 连续体工具，两端为相反的情况；
- 团队连续体，可以用于思考不同声明之间的关系；
- 优先排序阶梯；
- 绘画形式；
- 实体展示，可以在空间中移动；
- 三列表分类；
- 轮式列表，每条轮辐代表主题的不同部分，通常存在由 1 到 10 的评分。

具体案例可参照图 12-2 和图 12-3。

2×2 箱式模型，有 x 轴和 y 轴

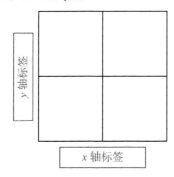

连续体工具

优先排序阶梯

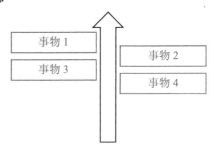

图 12-2 工具类别案例（一）

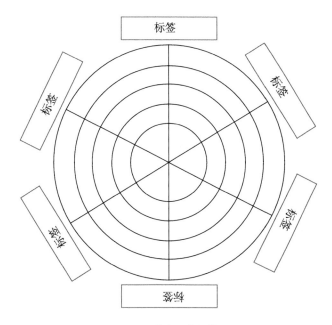

图 12-3　工具类别案例（二）

这个工具的设计经过多次迭代，目前这个版本源于罗的《团队教练》一书。

作用是什么

掌握团队教练技巧的重点，在于根据团队在教练课程中的需求，在团队教练课程过程中灵活调整执教方法。

你可以在教练课程中利用这个工具与客户共同创造其他工具，也可以为教练课程预备工具，或者在教练课程结束后用这个工具跟踪回访。你不需要从零开始——你可以调整这个工具或重新设计其他工具，以满足受训者的需求。在本书中，你至少能找到 50 个可以重新设计的工具。

何时使用

教练课程进行期间，受训团队表现出来的身体或心理状态，可能意味着他们想要更多地探索，或者换一种方式探索。这时你会希望调整一个现有工具，或者和团队共同创造一个新的工具。

共同创造新事物是在向团队表明，尝试、试验是合理行为，这种做法可能也展现了你在前面提到的宣言中与"急中生智"有关的核心理念。"即兴指导"激发了受训者的创造力，鼓励他们在教练课程的交流中自由发挥。

当受训团队进行大量类似评估、评判的团队审查活动时，这个工具尤其有用。这样一来，他们不会因为害怕不完整、不够好而不愿分享或探讨某些内容。

你也可以使用这个工具在教练课程开始前创造新的工具。举个例子，在第一次课程开始前，你可能需要准备好一个工具，用于邀请受训团队审核课程的效果。与此类似，如果你感觉受训团队需要更明确的前进方向，尤其在他们初次接触团队教练这个概念时，也许你需要一个能够提供交流框架的工具。

使用流程是什么

（1）确定需要完成的任务（T）。这个任务对应团队教练活动中较低层次的目的，也是教练课程需要完成的具体目标。任务分为两种类型。

A. 结果型任务。这是受训团队希望通过教练课程获得的结果，而且这个结果与团队教练项目的整体目标有关。

B. 团队教练型任务。作为团队教练，你帮助受训团队探索机会、体验或考察共同创造的工具，从而获得成长。

（2）如果你要在课程开始前设计开发工具，就得记住受训团队希望实现的目标，同时研究如何调整现有工具。你可以从图 12-2 中寻找灵感。

（3）如果在课程进行过程中设计开发工具，你可以从图 12-2 中寻找灵感——也许你可以向受训团队分享这些分类工具，以便共同创造新工具。

（4）确定哪个工具有可能实现受训团队希望实现的目标。可参考"小提示"中的案例。

（5）确定你和受训团队的限制因素（L）是什么，可参考表 12-1。你可以用不同且富有创意的方法利用受训团队接受培训的空间。比如，在网上进行培训时，你可以让受训团队的成员带着笔记本电脑，坐在房间里的不同位置打开视频参加培训。你也可以让他们关掉视频，询问他们看不到团队中的其他人时，他们注意到了什么，对教练受训体验有什么影响。

（6）思考你注意到了受训团队的什么特点，他们是怎样合作的，这就是氛围（C）。他们每个人有着怎样的故事？你和他们工作的个人环境是什么样的？如果你通过线上平台指导一个团队，你该如何使用工具，才能克服无法在现实中接触他们的劣势？

小提示

如果要在教练课程中使用这个方法，你需要提前想好与受训团队共同创造工具的原因，共同创造流程背后的目的是什么，基本规则是什么。例如，采用这种方法后可能获得与最初期望不同的结果，受训团队能接受这个现实吗？

表 12-1　限制因素与局限性

限制因素与局限性指的是可能妨碍教练的"干扰因素"。某些限制因素可以被消除，但某些限制因素属于现实性因素，只能被管理控制。举个例子，你在教练课程中可以使用的时间是现实性因素，而如何管理这些时间，则取决于你的能力和受训团队的纪律性。下面的清单列出了一些常见的因素	
限制因素与局限性	你会做什么消除限制因素的影响？或者说，如何把限制因素转变为机会
你和受训团队可用的时间长短	
参与者掌握的知识——包括你的知识和每个受训成员的知识	
开展教练工作的设施	
受训团队完成任务的意愿	
受训团队接受指导训练的意愿	
作为教练，你秉持的信念是什么	
受训团队成员秉持的信念是什么	
你的价值观	
受训团队成员的价值观	
个性类型	

案例

在某个团队教练课程中，一个团队对教练课程进行了一次四项式评估。纵轴上的两端分别标为"想要"和"不想要"，横轴上的两端分别标为"已有"和"没有"。通过在分布图上做标记，受训团队的成员可以看到他们在教练课程中已经实现了哪些目标，可以继续推进这方面的活动。另外，他们也能看到自己不想要和没有获得的结果，从而确保这些不会出现在教练课程中。

不要追求完美的工具，你可以用迭代学习的方式，在团队学习的过程中不断调整工具。

所需时间

这个工具的一个关键考量因素就是时间。设计一个能在有限时间里使用的工具，重点就是创造出一个能够满足团队需求的工具。在团队培训过程中与团队成员共同创造工具，意味着你可以与受训团队在这个工具上付出一定时间达成一致意见，并且定期复核，了解自己和他们的情况，也能了解工具的使用情况。

3. 简约改变画布

这是什么

推动改变的组织机构通常不重视教练在改变过程中带来的作用。这个工具的价值不是"画布"这个外在的结果，而是在共同创作画布过程中各方的交流对话。

受训团队共同探索并讨论，最终对应对改变的方案达成一致意见。这个工具既是行动路线图，也可以用于记录各方交流的内容。

如果经历改变的组织机构中有人更愿意接受教练培训，而非在改变的问题上接受咨询，那么这个工具就能起到更大的作用。通过发掘团队成员所具有的专业能力与知识，教练可以根据完成一个工具的程度和与目标及行动有关的工具去评估课程的交流情况。

简约改变画布是贾森·利特尔（Jason Little）开发出的一个工具，他在《简约改变管理：管理机构性变化的创新实践》（*Lean Change Management: Innovative practices for managing organizational change*）一书中对此进行了详细描述。本书对利特尔的工具进行了修改，使之可用于团队教练实践，或者以此为基础推动研讨会进行。

作用是什么

这个工具有助于教练和客户双方进行与共同推进与改变、组织机构如何支持改变有关的对话。作为教练工具，我们在这里对原始工具进行了一些修改，以便更多地满足团队教练过程中应对改变的特别需求。

何时使用

这个工具可以帮助人们向一个共同目标努力，可用来确定改变的核心部分的节奏，也可以用来明确改变希望获得的结果。理想状态下，或者通过团队教练课程，或者作为组织机构性改变的一部分，教练和客户应该在改变开始发生时共同绘制这块画布。

这个工具被设计成一个载体，用于对话交流和思考。你可以使用这个工具审核教练课程进行的程度，同时将这个工具用作基准，去进行以改变为核心的对话交流。你创造出来的第一个画布就是第一版——随着你越来越了解改变，这个画布会变得焕然一新。

使用流程是什么

这个流程的焦点在于，你如何围绕简约改变画布（见表 12-2）这个主题去指导他人，好让受训团队有能力回答画布上的核心问题。这个流程得到的结果不只是一张画布，更重要的是创作过程中进行的对话，以及随后进行的活动。

（1）愿景，这与改变战略相关。组织机构想实现什么目标？他们的总体目标是什么？你可以使用以下工具实现目标。

A. 多提问题：询问改变为什么具有重要性，理解这个重要性后你又有哪些收获，并说明这些收获为什么重要。

B. 比喻：让受训团队用比喻的方式描述目标。在此基础上进一步延伸，围绕比喻形成一个故事，并用一幅画记录这个故事。

（2）原因。提出问题，找到改变的真正原因。改变能让组织机构获得什么能力？是否能让组织机构相比过去变得更好？你有什么想法？

（3）成功的衡量标准是什么？你要解决的基本问题是：你如何知道自己取得了成功？成功会带来什么不同？你看到、听到、感受到什么，能让你知道已经发生了改变？你需要考虑什么不利因素？

（4）我们如何知道走在正轨上？如何知道偏离正轨？这个问题与你已经明确的成功衡量标准相关。清楚地知道如何衡量成功可以帮助你追踪课程的进展，同时随时纠偏。

（5）谁会受到改变的影响？必须采用不一样的做法，这到底意味着什么？谁会获得收益？谁会遭受损失？如何确定这些人是谁？根据你对组织机构的了解，你已经有了怎样的观点？

（6）我们如何在改变的过程中支持他人？你已经在组织机构中采用了什么做法？哪些做法有效，哪些引来了抵制？有什么是你心里早就明白但不愿意公开说出来的话？帮助人们重新思考、重新组织语言、提出疑问为你带来了什么助益？还有什么你尚未尝试但可以试验的做法？

（7）我们如何为改变做计划？最初几步是什么？时间范围是什么？有什么是容易做到的？什么可能具有挑战性？

（8）如何改变、审核、重塑第一版画布，才能让新画布反映出我们经历过改变的思维？

小提示

让画布具有显著的视觉效果，使用能够反映对话交流内容的符号、图片和文字。

先创造出第一版，让受训团队按照自己的意愿做出调整升级。将画布挂在墙上，使之显而易见，辅助团队成员理解相关的思维流程。

应该经常审核，了解假设与结果是否仍然适用。

- 自从我们第一次交流后又发生了什么？
- 我们的理解如何发生改变？
- 当时我们没有想到，如今什么变得显而易见？
- 什么已经变为现实？
- 我们还在使用画布吗？我们的方法是否已经发生改变？
- 是什么使我们改变了方法？

表 12-2　简约改变画布

愿景：这个改变能带来什么结果			重要性：为什么这个改变对我们的组织机构具有重要意义		
成功的衡量标准：我们如何衡量成功			发展的衡量标准：我们如何展示向愿景方向前进的进程		
谁、什么会受到影响：为了实现愿景，什么人、部门和进程需要做出改变					
我们如何支持他人：我们（支持改变的人和进行改变的团队）应该采取什么行动支持正在经历改变的人					
我们的计划是什么	下一个月	下一步	准备	引入	复核
选项：可能进行的尝试清单	一个月内有可能进行的试验	下一步需要引入的重要改变	计划并经过验证的试验	正在进行中的试验	已被复核的试验

图片可以引发人们的交流对话，所以你要用比喻的方式进行试验，了解受训

团队成员在团队教练课程中对宣言的认知情况。在团队教练课程中，以此为讨论工具。

将这个环节分为两次课程。第一次课程解决画布的上半部分，即愿景、原因、衡量标准；第二次课程解决对人的影响和计划。这样做就在两次课程之间留出了收集数据的时间。在第二次课程开始时，让受训团队成员回顾已经学到的内容，让他们说出从第一次课程之后领悟到的内容。

所需时间

如果分为两次课程，那么每次课程至少留出 90 分钟。如果只用一次课程，那至少需要 2 个小时。

教练和受训团队应经常对文件记录进行复核——双方就复核教练课程效果的频率达成的协议也要经常复核，以确定是否需要调整。

4. 绘制不同观点图

这是什么

这个工具对力场分析工具进行了调整，使之能够用于指导团队围绕不同的观点做出应对。这个工具起源于库尔特·卢因（Kurt Lewin）设计的力场分析工具。即便是最简单形式的力场分析，也可以用于明确一个情况的优劣，帮助客户确定接下来应该采取的行动。

这个工具采用了一种交互式方法，考虑了改变对所有关键利益相关者观点的影响，以及所有关键利益相关者带给改变的影响。

罗和夏洛特·马勒（Charlotte Mawle）在他们的简约改变研讨课、团队教练课程以及咨询活动中，均使用过这个改编后的工具指导团队去应对不同的观点。

作用是什么

改变进行期间，人们会形成很多不一样的观点，也会对关键利益相关者的行动产生很多解读。这些观点通常隐藏在表面之下，使人们心里形成各种假设。与团队合作时，这个工具可以让受训者探索形成那些假设的根源，再根据了解到的信息做出决定。

这样的课程可能获得的结果，就是了解更多与参与者有关的信息，从而考察他们的假设是否正确，同时发掘新的观点。这个工具可以帮助团队质疑自身的假设，让他们与关键利益相关者展开对话。

何时使用

当受训团队陷入一种循环，总是从自身角度假设正在发生的事情时，这个工具就能派上用场。受训团队的这种假设通常表现为对不同关键利益相关者的抱怨，指责他们做了或者没有做什么支持正在发生的改变。

可以从语言中寻找线索，了解受训团队是否陷入停滞，或者明确是什么阻止他们继续前进。因为要在纸板上写字或画画，所以这个工具能帮助他们了解不同的观点是什么。人们在这个基础上进行对话，再转变为行动。

从观点图中很容易就能看出哪些观点有益，哪些观点有害。在一个框架下记录团队的观点，也能让人们讨论并检讨现实中正在发生的事情。通过这种急中生智的方法，受训团队就能明白需要采取哪些行动。

使用流程是什么

受训团队成员人数为偶数时，使用这个工具的流程能起到很好的作用——理想情况下，设置三个团队研究三个关键利益相关者。我们在这个案例中将使用高管、中层人员和普通成员三种分类，并使用表 12-3 所示的观点图。一般来说，这三类人组成团队的机制反复出现于各个组织机构，能够代表机构性体系及其对改变的影响。

（1）让受训团队全体成员明确他们希望应对的挑战，感觉陷入停滞后，围绕这个挑战进行交流对话。越能具体描述挑战是什么效果越好。比如，他们认定应用一个新流程是自己要面对的挑战。他们将围绕这个主题探讨不同的观点。

（2）给每个受训成员分配一个数字，范围是 1 到 3。这个数字代表他们在这个练习中将要加入的小组。

（3）让所有拿到数字 1 的人集合在一起，让他们扮演高管角色。让所有拿到数字 2 的人集合在一起，让他们扮演中层人员的角色。再让所有拿到数字 3 的人集合在一起，让他们扮演普通成员。

（4）给每个小组一个纸板，让他们在纸板中间画一条竖线。在竖线的一边写上"有害"，在另一边写上"有益"。

（5）让每个小组从各自角色的角度出发思考自己面临的挑战，以及他们希望获得的结果，在纸板的上部写下目标。

（6）使用便笺，让每个小组为他们的关键利益相关者写下有助于实现他们目标的事情。每张便笺上写一点。如有必要，可以写成大字或者使用符号。

（7）让各小组写下妨碍关键利益相关者实现目标的事情。每张笺上写一点。如有必要，可以写成大字或者使用符号。

（8）确定了所有有益和有害的因素后，让每个小组按照一个因素对实现目标的有益或有害性强度从高到低进行排列。比如，可以用 H、M 和 L 分别代表高、中、低。

（9）各小组完成分析后，让他们走动起来，了解其他小组总结出来的信息。

（10）指导每个小组对结果进行研讨，问他们，环视房间，他们注意到了什么。比如，竖线"有害"一边的笺比"有益"一边多吗？如果答案是"是"，是哪些关键利益相关者做出了这样的选择？这个练习对他们有什么影响？不管接纳或者不接纳所扮演的关键利益相关者，他们注意到了哪些特点？让疑问从对话交流中自然而然地出现，并从中学习。

（11）让每个受训成员描述他们在这个练习中学到的东西。

（12）询问受训成员准备如何处理了解到的信息。

小提示

为了避免不由自主地列出相反选择，各小组最好在填写完成一边后盖住相应内容再去填写另一边。

让各小组首先填写有益因素——大多数人有先关注负面因素的倾向，所以这种做法也许能带来不一样的活力，让受训者更有机会了解是什么阻碍他们前进。

这里的答案没有对错之分，进行这个活动的目的就是了解不同的观点，鼓励人们进行对话。如果受训团队希望在教练课程之外继续交流对话，这个工具也能起到辅助作用。

这样的活动通常导致一些人完全接纳自己所扮演的角色。关注高管谈及阻碍改变的一些事时现场发生了什么，尤其关注普通成员的反应。如果你还想针对这些行为与现实情况非常相似的部分专门进行讨论，可以讨论认同自己的角色意味着什么这个问题。

能妨碍受训团队从这个活动中学习的，是受训团队和你投入这个探索流程的意愿。

最终受训团队会怎么处理了解到的信息，是这个练习的关键。

所需时间

为这个练习留出充足的时间——大约 40 分钟，包括开始前的准备，确保受训团队有时间讨论并从中学习。

表 12-3 观点图

目标：	
关键利益相关者：	
有益	有害

5. 烫椅子教练法

这是什么

团队教练之所以比一对一教练用处更多，是因为团队本身可以成为可供教练及其受训者在发展过程中利用的资源。这个方法是"行动学习小组"所用方法的变形。受训团队可以按照适合自己的方式改变这个流程。至于使用这个工具的时机、规则和流程，你可以做出调整，以便满足受训团队的要求与需要。

作用是什么

这是一个用来管理受训团队集体智慧、让人们意识到自己还有未发掘资源的工具。团队的价值就在于集体智慧。这里的基本理念就是，一个人可以被一个团队指导。这个工具的强大之处在于，人们可以从指导他人的经历中学习，并且获得真知灼见。

指导他人可以让受训团队成员体验做教练的感受。这也为人们提供了换一个角度深度倾听的机会。这也是在团队教练课程中、在自我认知过程中进行深层次倾听的一种方式。

这个工具的强大作用，在于最后的反思时间——人们关于这个过程、关于自己究竟学到了什么。建立信任、培养支持他人的行为，这是使用这个工具重要的两个结果。而获得、实践上述两个结果都需要拥有心理上的安全环境。

何时使用

这个工具非常适用于团队成员已经形成良好工作关系、确立了心理安全环境的团队教练环境。

每个人都不该被强迫坐到"烫椅子"上，意味着你要和受训者就是否接受指导培训达成一致意见。邀请人们参与订立协议的流程，你一定要为他们提供"退出"这个选项。

尽管如此，但还是有一些受训者使用这个工具离开自己的舒适区，特别是当他们极度信任教练和参与团队教练培训的其他成员时。

使用流程是什么

提前打印一些注意事项能起到帮助作用，人们可以在你解释整个流程前先自行阅读。你也可以直接进行尝试，经过试验后，判断哪些做法有用，哪些可以进一步完善，对整个流程做出调整优化。

（1）一个人自愿成为受训者。这个人要么坐在中心，要么坐在团队前方的一个被指定为"烫椅子"的地方，这种情况下团队其他成员变为教练。

（2）确保受训者准备好纸和笔，随时记录下对自己有用的信息。你也可以邀请教练们一起为受训者做记录。开始前和所有人在这个流程上达成一致。

（3）团队成员还要扮演其他角色，分别是计时者和流程观察者。如果受训团队希望将这些角色明确分配给某些人，那是最好的。否则，你要向受训团队表明，这个流程结束后的简述环节需要讨论如何分配角色的问题。

（4）作为教练，你的任务是围绕整个流程做出"超级教练"式的观察，并且提供任何所需的专业技能。如果受训团队希望，你也可以参与这个流程。

（5）由受训团队决定每个活动进行多长时间。

（6）确定如何进行这个流程后，按照约定赋予受训者时间，让他们阐述自己面对的挑战／问题／主题。

（7）当受训者说完自己面对的挑战／问题／主题后，每个教练都有机会提问。一般来说，这个步骤的作用是澄清与受训者而不是教练的利益最相关的问题是什么。换句话说，这是一个通过提问进行总结和反思的环节。

（8）接下来一步的重点在于明确受训者已经拥有的资源是什么，教练通过观察注意到这些积极有用的资源，但受训者自己可能没有意识到。受训者可能轻视自己正在做的、能让他们实现目标的事情。教练可能说出的话包括：我注意到你在应对挑战时展现出了强大的决心。每个教练做出评论后，为受训者留出记录时间。

（9）每个教练就受训者如何继续前进提出自己的意见。在这个阶段，受训者只需要感谢每个教练提出意见，记下他们认为有用的内容。

（10）受训者可以就他们从这个练习中获得的有用观点、帮助、惊喜或其他意见向教练做出反馈。

上述流程结束后，作为"超级教练"的你需要帮助受训团队拆解这个过程，从整体角度审视这个练习，确定这个过程中受训者和教练们身上分别发生了什么。

使用这个工具时，人们可以获得不同程度的学习和指导。作为教练，你应当保证受训团队对这个流程进行了讨论。

- 受训团队喜欢什么？
- 受训团队不喜欢什么？
- 受训团队学到了什么？
- 受训团队有什么感受？
- 当受训者描述他们面临的挑战／问题／主题时，受训团队是否注意到自己身上发生了什么？

受训团队可以利用这些反馈信息，开发出一个团队自己拥有并可以再次使用的流程。你可以对受训团队的每个人重复这个练习，好让每个人都有机会得到训练。

你也可以每次课程选择一个人坐在"烫椅子"上。

小提示

这是一个好方法，能让团队注意到内部存在的那些尚未得到关注的资源。比如，如果一个受训者在这个过程中被一个话题引起了情绪性的反应，团队就可以就这个问题进行更深层次、更有助益的交流对话。

你要确保留出足够的时间确定这个练习流程的细节。

- 什么是可以接受的？
- 什么是不能接受的？
- 他们计划在每个阶段花多长时间？

● 人们能选择退出吗？

这个工具在彼此高度信任、拥有心理安全感的团队中能够起到非常好的效果。如果你选择在一个尚未做到互相信任的团队中使用这个工具，就有可能引起非常强烈的情绪化反应。

始终关注受训团队是否真的做好了准备。

每次与受训团队合作时，你可以对这个流程进行调整和改善。这里提到的流程只是一个起点，作用是为受训团队提供一个平台，让他们按照自己的意愿决定下一步的行动方案。

所需时间

如果每一轮结束后还要进行学习复核环节，每个人需要留出 20 ～ 30 分钟。

这个工具改编自《团队教练：最大限度开发集体天赋的实用性指南》。

第十三章

其他教练提供的10个经典工具

工具 1：设定目标——确保目标相互一致

这是什么

教练可以运用这个工具向那些总是不能实现目标的客户发起具有积极作用的挑战。有时，人们在实现目标的过程中会遇到一些障碍，除非清除障碍，否则目标永远会处于无法实现的状态。这个工具可以帮助人们找到自己不能实现目标背后的原因。这个工具以设定目标的核心原则为基础，也就是说，你必须真心想实现某个目标，必须真心认同该目标，还知道自己需要哪些能力。有时，人们就是不知道自己为什么无法实现目标，而这个工具可以帮助他们认清自己是否愿意继续迎接挑战。这个工具也能为分析差距、制订行动计划提供框架，特别是在"能力"得分较低时尤其有用。

何时使用

只要客户有意讨论自己希望实现的目标时就可以使用这个工具（见图 13-1）。当一个人表示自己难以实现目标，或者对实现目标的进展表示失望时，这个工具能够发挥出最大的效果。例如，如果客户想减肥，但他们不能坚持健康饮食计划，如果问他们是否真的"渴望"实现这个目标，他们可能会说，一直以来他们脑子里想的都是这个。如果继续询问相关能力，他们可能会发现自己找不到减肥经常失败的具体原因。所以教练需要对他们的信念进行调查，他们有可能发现，自己每周都会使用一份新食谱，但坚持几天后就会放弃，所以他们对自己能否实现目标并没有100% 的信心。教练需要与客户共同关注这一点。

使用流程是什么

要求客户概括性地陈述目标，接着指导他们完成所有流程，用模型里的问题提问，让他们从 1 到 10 对自己的欲望、信念和能力做出评分。顺序并不重要，有时直觉会告诉你先进行哪部分。让客户回答"这些说明了我的目标的什么问题"，以此完成表格。随后，你要与客户对填写表格过程中发现的信息进行深入讨论，确定客户需要做什么才能提高分数，或者重新思考目标。

必要时，教练可以帮助客户表达、修改做出了改变的目标。随后再使用这个工具，了解这一次他们是否更认同目标。

小提示

你面对的目标可能是具有改变人生意义的职业目标，也可能是其他人生目标。最重要的是，不要试图影响对方，特别是在他们为自己评分的时候。提出问题后，在对方思考时保持沉默，让他们说出自己的想法再进行讨论。提出"怎样才能让你得到满分"这样的问题，激励他们提供更多的信息。保持耐心，如果客户在一次教练课程中无法做出决定也不要担心，他们可能需要更多时间认真思考。

所需时间

至少留出 30 分钟时间，如果发现问题，教练要留出时间进行讨论。需要注意的是，有的客户会在教练课程结束后独自思考为什么得不到满分，甚至有可能希望和同事或家人进行讨论，以确认自己的想法。

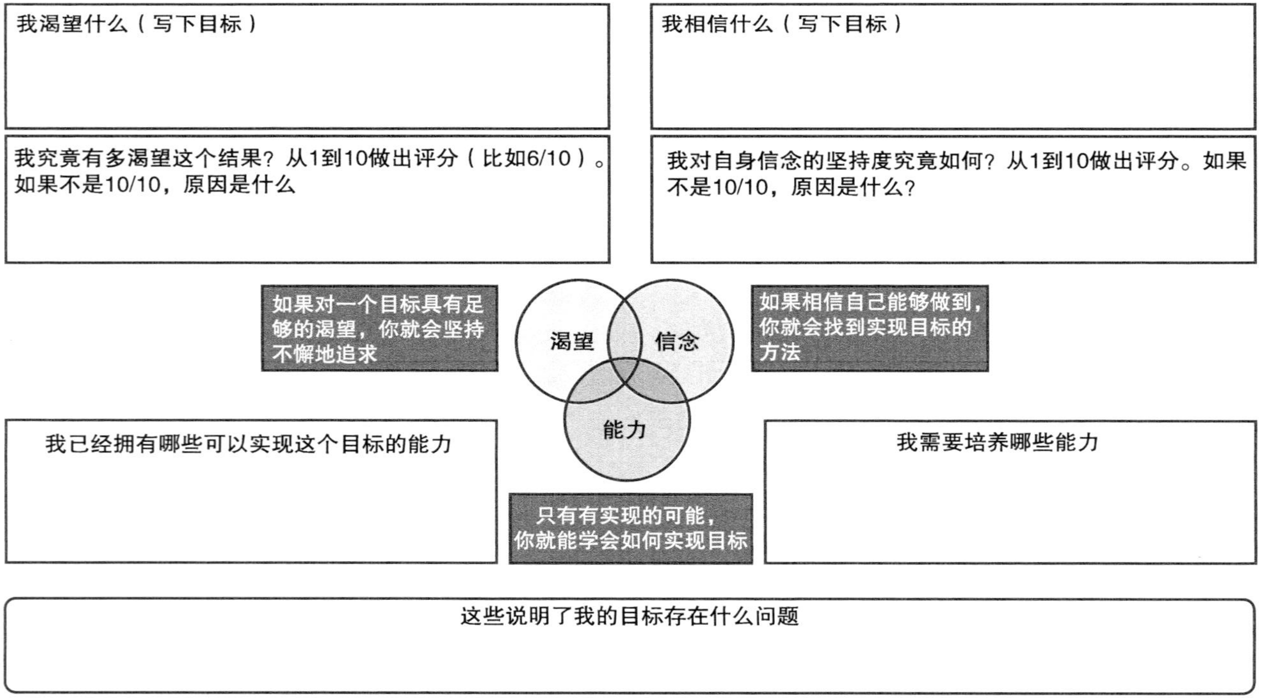

我相信什么（写下目标）

我对自身信念的坚持度究竟如何？从1到10做出评分。如果不是10/10，原因是什么？

如果相信自己能够做到，你就会找到实现目标的方法

我要培养哪些能力

信念

能力

渴望

如果对一个目标具有足够的渴望，你就会坚持不懈地追求

只有有实现的可能，你就能学会如何实现目标

我渴望什么（写下目标）

我究竟有多渴望这个结果？从1到10做出评分（比如6/10）。如果不是10/10，原因是什么

我已经拥有哪些可以实现这个目标的能力

这些说明了我的目标存在什么问题

图 13-1　设定目标工具

以下是实例：

我渴望什么（写下目标）

未来两年内成为部门主管，管理员工和我自己的客户

我究竟有多渴望这个结果？从1到10做出评分（比如6/10）。如果不是10。我真的很想实现这个目标，也做好了努力的准备。之所以不是10，是因为我也想实现工作与生活的平衡，拿出更多的时间陪伴自己的家人

我相信什么（写下目标）

我相信自己有能力、态度和动力实现目标，像其他部门的管理者一样（就算不能强于他们），只要能够出色地完成工作，一切努力都是值得的

我对自己的信念的坚持程度如何？从1到10做出评分。如果不是10/10，原因是什么不是10/10，毫无疑问肯定是10/10

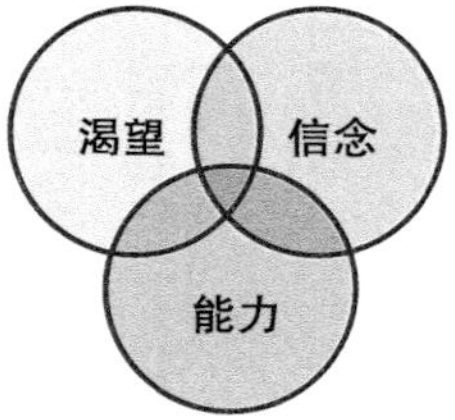

我已经拥有哪些可以实现这个目标的能力

我是个优秀的倾听者，我关心别人，擅长为客户提供优质的服务，并为其找到有效的解决方案，我能够不断进行自我激励，对自己的成长负责

我需要培养哪些能力

管理能力和管理方法，现在还缺少在人们身上尝试新方法、考察结果的机会，我也需要一个导师为我提供咨询

这些说明了我的目标的什么问题

我很清楚自己的目标，我相信有合适的机会和他人的支持，我就能实现自己的目标，我认为自己有很强的能力，需要继续改进的地方也具有现实可行性

信念　能力　渴望

图 13-1　设定目标工具（续）

工具 2：对准重要的目标

这是什么

这是一个简单的视觉化工具，可以让客户思考当下人生中最为重要的事情。这个工具不太可能确定"永远"之类的问题，更多的只是确定当下最为重要的事情或者长期远景。当客户面对特定挑战或者需要做出艰难决定时，这个工具可以帮助他们思考要做的事能否与当下人生中重要的事不存在矛盾冲突。

何时使用

当客户难以应对互相矛盾的优先事项时，不管这些事源于家庭还是工作，你都可以使用这个工具。当客户进入职业生涯的十字路口，或者需要寻找工作与生活的平衡时，这个工具尤其有用。

使用这个工具前，你可以使用任何自己喜欢的教练模型，用具有深度、尖锐的问题明确客户面临的具体挑战或矛盾。为确定某事与其他优先事项的关系，明确具体事件具有重要意义。

使用流程是什么

使用标靶模板（见图 13-2）。教练既可以提前准备，也可以临时在纸板上画一个。你可以让客户在便笺上写下他们认为重要的事，再贴在标靶上。你也可以让客户直接把内容写在标靶上。

靶心位置象征着客户人生中最为重要的事情，随着向外扩散，优先程度不断递减。让客户思考人生中重要的事情，这些事情既包括生活上的也包括工作上的，要全面考虑这两方面的因素。

提出开放且具有挑战性的问题，覆盖客户工作与生活的各个方面，鼓励他们从更宏观的角度进行思考。

完成标靶后，让客户思考自己看到的景象，认真思考这能说明哪些问题。思考这些信息对时间和努力的影响——如何根据优先顺序分配时间？哪些任务需要分配最多的时间和精力？

最后，回忆最初的挑战或决定，思考以上过程对决定或挑战起到了哪些帮助作用，客户在这个过程中获得了哪些重要的发现。

小提示

使用小型箭头式便笺，可以在便笺上标注分类，将箭头指向标靶的合适位置。

使用纸板可以让客户站起身来移动，这也能为客户留出一些思考的空间。

为客户留出独立、认真思考的空间和时间，让他们有了想法后将便笺贴在标靶上。头脑风暴或者过度思考会带来不必要的压力，导致客户想出对他们并不重要的事情。

所需时间

至少留出 30 分钟时间讨论各个重要事件及它们在标靶上的相互位置。

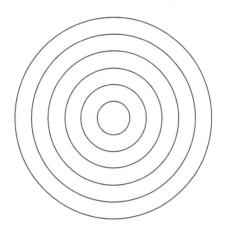

图 13-2　标靶模板

工具贡献者：黛比·米切尔

黛比在人力资源管理方面经验丰富，她的工作经历涉及快速消费品的生产、供应链、零售、公关部门及支持服务等多个部门。她在英国和其他许多国家参与过多个重大商业变革项目，除了人力资源管理，她还在变革管理、员工互动和机构发展等专业领域积累了大量经验。在企业人力资源部门工作了 20 多年后，黛比目前正在经营自己的企业发展咨询公司。

如今，黛比正在金斯顿大学攻读心理学的硕士学位。在人力资源管理方面的经验为她提供了强有力的支持，帮助她成为教练、能力开发和推动他人发展领域的专家。黛比喜欢从事机构层面的教练工作。她在每次的教练课程中会采用框架性的方法指导他人，同时也会根据客户的需求灵活变化。不管是一次性课程还是一系列课程，客户的进步都会给她带来巨大的满足感。

工具 3：在改变之旅中引导他人

这是什么

这个工具对 20 世纪 60 年代伊丽莎白·库布勒 - 罗斯研究的、用于解释"悲伤过程"的改变曲线进行了改编。她用一条曲线解释了人们如何走出悲痛、探索并最终接受改变。在那之后，这条曲线得到广泛应用，帮助人们在改变与动荡中理解自身的感受与情绪。这个改编版本反映的是客户表达职业与个人感情的常见形式。

作用是什么

无论客户领导他人经历改变，还是自己正在经历改变，改变之旅都可以帮助客户在受训过程中进行有效的反思。这个工具可以帮助客户思考自己或团队正处于什么阶段，鼓励他们思考应对策略或介入手段，从而推动这段旅程走向"承诺"阶段。

值得注意的是，大部分人按照流程会体验到不同感觉和情绪，但这是一段属于个人的旅程。人们可能在某个环节加快速度，可能在其他环节陷入停滞，也可能在不同环节间来回摇摆。

何时使用

教练可以在与客户讨论改变时使用这个工具，特别是在客户或者客户需要影响的对象难以理解、接受并应对改变时。

使用流程是什么

将表 13-1 放在客户面前，对模型进行描述，概括这段旅程的每个关键环节。

为了帮助客户应对自身的改变，要求他们详细描述截至目前自身的经历。从确定发生变化的那一刻开始，直到今天具体发生了什么。这能帮助教练理解时至今日的客户的情绪及确定特定环节的进行速度，并明确具体障碍。让客户对自己的旅程做出标记，用 X 标记出现障碍的环节。挑战客户对自身的理解，探讨规避或解决障碍的方法。首先，让客户思考谁能为他们提供支持、怎样提供支持，以及自己需要做什么才能确保得到这些支持。用提出问题、激励客户思考的方式，帮助他们思考清除障碍的潜在方法。

为了帮助客户所在的团队做出改变，让他们用字母 X 标出团队每名成员及利益相关者在这段旅程中所处的位置。教练需要注意，这只是猜测，并不一定反映真实情况。你要与客户对最终形成的图像进行探讨，考虑不同的人为什么出现在相应位置，这会怎么反映在他们的工作表现、团队行为和个人行为上。重要的是，要同时考虑积极因素和消极因素，因为这两种因素要么会得到解决，要么会得到强化。接下来，让客户思考如何互相帮助与支持，经理人做什么能积极鼓励员工完成转变。与客户一起研究如何应对不同阶段的发展情况，但也要鼓励他们向前推进。此外，你还要与客户共同研究如何核实猜测的结果。

小提示

在改变之旅中，同时探索客户与其他人的情况会很有意义。这能让客户不仅了解自身的位置，同样也能知晓其他人的情况。由此了解哪里可能存在矛盾、机会或障碍，从而真正实现改变。

鼓励客户在团队中使用这个方法。将表格挂在墙上供大家讨论，这能让所有人意识到，大多数人和他们一样，都会把改变看作挑战。

所需时间

至少留出 30 分钟时间，探讨改变的每一个环节及能够起到帮助作用的介入手段。

表 13-1　改变之旅进程表

阶段	描述	可能的感受 / 行为
一	担心或不相信	意外或震惊，甚至有可能感到愤怒；通常会说"这事不可能发生"这样的话
二	分离或游离	采用鸵鸟政策，不接受改变将要发生或者已经发生的现实；将自己与改变切割，将改变看作其他人的事
三	焦虑或抗拒	担心、泄气、沮丧甚至绝望；把自己想象成受害者
四	投入	有兴趣，或者产生好奇心。为了做出决定而希望更多地了解改变，愿意放手过去
五	实用现实主义	意识到改变已成现实，开始尝试新事物，或者接受新现实
六	承诺	放弃旧的行为方式，充满激情地尝试新事物、应对改变；主动出击，着眼未来

工具贡献者：黛比·米切尔

工具 4：建立信誉的 SLOBA 模型

这是什么

这个工具能够帮助客户在面对特定个人或团队时，制订增加个人信誉的计划。这个工具将分析与策划结合在一起，力图创建出一份详尽的行动计划。最终的行动计划不仅能帮助客户解决内在和外在问题，还能思考如何在目标人群面前建立个人信誉。

何时使用

只要客户认为自己在面对目标人群（自己希望有影响力和接受度）时缺乏信誉，就可以使用这个工具。当客户加入全新团队、全新机构或者投入全新项目时，这个工具就能派上用场。当客户认为自己在实现个人目标或商业目标的过程中需要在具有显著影响力的特定团队和个人面前建立足够的信誉时，也可以使用这个工具。

使用流程是什么

教练要询问客户，他们希望在谁面前建立信誉。随后与客户共同调查他们在以下四个方面掌握哪些信息。

（1）目标人群与当前的局面如何。

教练可以通过有选择地提出以下问题，明确客户的心态。

- 你的目标人群是谁？
- 他们是什么样的人？
- 哪些事对他们具有重要意义？
- 你能给他们留下深刻印象的是什么？
- 他们会提出哪些问题？
- 他们拥有怎样的背景？
- 他们了解哪些情况？
- 你会在什么情况下与他们互动？
- 你在这种情况下会扮演什么角色？
- 你需要达成什么目的？

（2）你知道什么。

客户知道与目标人群有关的哪些信息？在明确这些信息后，教练要与客户共同探讨他们希望与目标人群分享的知识与经历等内容。

（3）你在做什么。

客户给他人的第一印象与声调如何？客户与目标人群的关系怎样？客户的沟通方式、肢体语言及影响他人的形式是怎样的？到目前为止他们如何与目标人群进行互动？客户已经为目标人群做了哪些事情？在明确这些信息后，教练要与客户共同讨论如何在目标人群面前呈现自己。

（4）运用适当的方式展现自己。

你要考虑客户如何运用适当的方式在目标人群面前展示以上信息。客户的目标人群通常会喜欢哪种展示方式？此外，如何才能让客户感到自信？考虑现有局面、知道的信息及做过的事情，客户如何才能在目标人群面前建立自己的个人信誉，拥有期望中的影响力？

在对上述四个方面有了明确的认识后，教练就可以进入下一阶段。这时就需要用到科特·卢因首创的力场分析模型来分析优势与局限、机会与障碍。

力场分析模型

优势与局限存在于客户的头脑中，它们既有可能帮助客户实现目标，也有可能阻碍目标的实现。

- 优势——客户已经拥有的那些他们认为有助于提高自身信誉的因素，比如说信心、特定资格、专业知识及明确的目标。
- 局限——客户认为这些因素阻碍了他们，可能会妨碍他们建立信誉，比如缺少经验、第一印象差、相关知识缺乏等。

对客户来说，机会与障碍是外部因素，而这些因素存在于客户工作的环境中。

- 机会——这是有助于客户在目标人群面前建立信誉的潜在因素，比如未来的会议、新的项目、新的工作安排或者新的领导。机会是指将要发生的事情，或者客户能够让其成为现实的事情。
- 障碍——这是客户认为拖他们后腿的外部因素，比如没有新项目，没有培训经费，没有得到理想的工作，升职只是因为有人留出空缺，或者公司的总经理很糟糕。

和完整的力场分析模型一样，当客户明确了各种力量因素后，教练就可以配合他们制订一份行动计划，强化优势与机会，减少或缓解局限与障碍的影响。

所有思考、行动和目标都应记录在 SLOBA 模型（见图 13-3）中。

小提示

如果不把力场分析模型仅仅看作提高信誉的普遍型工具，而是看作针对特定群体（比如项目团队）或个人（比如营销部门主管）的工具时，它能起到最好的效果。让客户的问题更为明确和具体，他们的行动就能更具有针对性，也更为专注。

SLOBA 模型是动态的，教练要提醒客户在自己的行动产生影响后添加或删减相应的内容。

所需时间

至少留出 30 分钟时间。

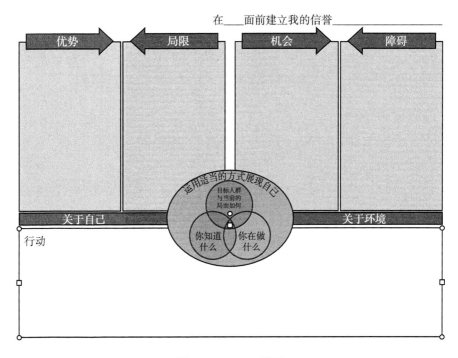

图 13-3　SLOBA 模型

工具贡献者：罗伯·巴特莱特

罗伯在培训领域已经工作了近 20 年。他做过公务员，拥有在大型跨国公司工作的经历，运营过自己的公司，还在一家培训咨询公司工作过。他与上述机构各个层级的人都打过交道，无论是一线员工还是高级管理人员，都是他的交流对象。

多年来他一直在从事培训工作。他以创造力闻名，而他的创造力又很务实。他常说的一句话就是："管用就好。"他将这个理念应用到自己的教练课程与培训工作中。罗伯认为，人们因为自己的创造力，大脑中总是混杂着不同的想法。因此，他喜欢运用框架式模型为自己的思考提供一些框架并指明方向。如果发现没有可用的框架，他通常会自己创造。他发现，与接受指导的人分享这些框架有时不仅能解放他们的思维，还能让他们集中精力思考问题。

工具 5：与曾经的自己展开对话

这是什么

这是一个源于神经语言程序技术（NLP）的工具。这个工具可以帮助客户解决过去始终没有得到治愈且仍在（无意识地）影响他们的经历。教练在使用这个工具时，客户无须讲话，客户只要在心里配合教练完成各个流程即可，也不需要口头做出反馈或确认。作为教练，你只需要做出指示让客户配合你即可。这个工具更适合那些经验丰富、技术熟练的教练，因为教练本身需要大量练习才能真正掌握这个技术。这是一个强大的工具，可以对客户产生深刻的影响。

何时使用

- 需要将客户现在的"自我"（他们目前的经历、技能和知识）与曾经没有合适资源应对某个局面时的"自我"进行对比，从而使客户获得积极结果时可以使用这个工具。

- 需要找到客户目前不够明智的反应或行为的根源，而这个根源在他们过往的经历中能够找到。教练要帮助客户与过去的经历握手言和，以便他们在未来做出更明智的选择时也可以使用这个工具。

- 当客户觉得自己没有任何选择，或者感觉自己只能以固定方式做出反应时就可以使用这个工具。特别是当你听到"我一直这样"或者"我向来这么做"这样的话时，就应该使用这个工具。

重要提醒

当客户的自我认同出现松动，在你向他们发出挑战或让他们重新审视自己的状态时，你或许会看到非常激烈的反应。教练在使用这个工具时，必须事先与客户建立非常融洽的关系才行。只有这样，客户才不会担心自己的隐私外泄。

使用过程中的建议

首先，明确客户在自认为缺乏动力、感到承受巨大压力或者只是希望在未来做出更明智的选择的情况下才有意愿采取不同的行为和方法。

教练在与客户讨论的过程中需要了解他们希望做出哪些改变，确保客户以积极的表达方式进行描述（比如要求他们说想要什么，而不是不想要什么），之后再让他们用自己的语言清晰地描述自己的目标。

让客户准确描述出一直在影响他们的经历及其矛盾冲突，你要明确通常会发生什么情况及他们对此的感受。一个有用的做法是，让客户描述上一次发生这种情况时的情形，并让他们全面讲述整个经过。

在听完客户讲述并了解问题后，教练可以在客户的现状与新目标之间进行对比，明确表述客户的期望，同时指出目前的哪些做法没有起到效果。用客户说过的话对矛盾进行解释，让他们仔细思考，确保教练做出的解释准确地反映了客户的经历与想法。

告诉客户，你将指导他们完成一个在他们的内心安静进行的流程，让他们不要说话，在内心按照你做出的指示完成所有流程。告诉他们，产生情绪波动很正常，他们完全可以体验这个过程，只需观察情绪的出现与消失，没有必要为自己自然流露出的任何情绪而感到抱歉。

使用流程是什么

教练需要指导客户完成每一步，且每一步都要留出足够时间让客户在心里完成所有的流程。

让客户舒服地坐下，最好闭上眼睛。让他们把注意力集中在自己的身体位置，按照自己的意愿调整到舒服位置，关注自己的呼吸。鼓励客户放松面部肌肉，深呼吸，集中关注吸气和呼气，关注气体通过鼻子和嘴部的感觉及吸气、呼气时的温度差别。用缓慢、温柔的声音指导客户进行至少 2 分钟这样的活动，让他们进入全神贯注且放松的状态。

要求客户回到过去，回到记忆中那段经历最初的时候。让客户信任自己的无意识，找到最早的记忆（保持安静，让他们自己完成这个过程）。让他们在回想这段记忆后竖起手指作为提示。教练还要向客户保证，他们可以花时间思考，相信自己的无意识状态能够找到那段回忆。重要的是，他们必须"知道"那是最初的回忆，而不是为了应付你而快速想到的回忆。

当客户表示找到了那段回忆后，让他们想象摆出一台投影仪重现那个经过的场景，就像在电影院里看电影一样，从视觉和听觉上完整地重现（包括地点、任务、时间、环境和事件）。让他们在"视频"开始时按下暂停键。

让客户为"视频"里的自己设定一个年龄。闭着眼睛，现在开始播放"视频"，让他们重新体验这段经历。结束时让他们伸出手指示意（为这个环节留出足够的时间）。

当客户表示自己想起了所有的回忆后，让他们以现在的年龄、额外人员的身份重新回到那个场景，带着现在拥有的工具、技能、知识和资源（看到现在的自己和年轻时的自己出现在同一场景时，让客户举手示意）。

让客户与年轻时的自己展开对话。让客户尽量对年轻时的自己展开引导性的对话，现在的自己可以倾听年轻时的自己的诉说，并为年轻时的自己提供建议与支持，彻底治愈这段经历带给年轻时的自己的心灵伤害，让自己真正地从这段不堪的经历中走出来。

教练要确保客户正在坦诚地与年轻时的自己展开对话。

为了获得心灵的平静，你可以建议客户，让他们说出年轻时的自己任何想说的话。告诉客户，只有他们自己知道需要说什么才能让年轻时的自己感到自信、坚定自己的信念（留出足够的时间）。

在与年轻时的自己进行对话的最后，让现在的自己给对方一个拥抱，说一些了结和告别的话，让对方得到治愈后离开。在对话结束后，让年轻时的自己和现在的自己重新融入客户本人。让客户在做好准备后睁开眼睛，不过要向他们保证，不必急于睁开眼睛。

建议客户不必试图理解整个流程，而是相信自己的无意识状态能够自动开启自我疗愈之旅。让他们知道，情况现在已经出现了变化；他们可以成为任何自己想成为的人，所有人会接受并尊重他们的选择。在教练课程结束时告诉客户，他们的无意识状态不仅会继续帮助他们走出那段不堪的经历，还会支持他们实现新的目标。

教练还要告诉客户，他们不需要了解具体流程。如果他们愿意将两个自己在内心的对话告知于你，这需要留到下一次的教练课程，也需要由客户主动提起才能进行。

除非客户明确要求，否则教练没有必要让对方汇报或复述整个过程。

小提示

- 做好长时间陷入沉默的准备。利用这段时间确认客户处于流程的哪个阶段，并准备好进行下一个环节，因为客户闭着眼睛，他们并不知道你在做确认工作！

- 做出指示后，保持安静。不要用聊天打破沉默，这会打断客户在心中进行的自我对话。
- 做好准备，你可能会看到客户哭泣。这很正常，也是好现象，说明这个工具起到了作用，让客户内心产生了震动，而这正是这个练习的意义。不要干涉，不要安慰，让他们肆意去哭，不要打乱整个活动的进程。
- 为客户留出时间整理思绪时，你可以为他们准备一杯水。
- 这个工具不适合在教练受训关系建立的初期使用，尝试这个工具前，教练要确保自己和客户建立了足够的信任。

工具贡献者：朱莉·斯坦菲尔德

朱莉是获得教练联盟（Association for Coaching）认证的基础管理教练，拥有 20 多年的实践经验。她也为有意愿从事教练工作的个人提供培训，喜欢帮助别人找到能够深入理解客户并改善其自身现状的新工具。

朱莉认为，教练工作的宗旨就是为他人赋予力量，而教练的角色就是帮助人们扫除自己在解放思维、创造力和问题解决能力上的各种障碍。教练工作是一种在能够得到支持且绝对安全的环境中以行动为导向且富有挑战性的工作。

读者可以通过教练联盟的网站与朱莉联系。

工具 6：目标与行动审核表

这是什么

当罗·戈雷尔遇到经验丰富且思维缜密的管理教练加尔·朗恩（Gayl Long）后，这个工具便诞生了。两人决定结为搭档，创造一个每个人都能进行的责任审核机制，也就是下文描述的流程。他们会轮流提出问题，记录对方说过的话。你可以对这个工具进行修改后用在客户身上，也可以用于教练自身的发展，你还可以与其他人结为搭档分享这段学习经历。这个工具既可以融入培养管理能力的行动学习法，也可以成为自己工作成长项目的组成部分。

此外，加尔和罗也希望将"正念"（Mindfulness）引入这个工具。这是一些教练经常谈及的概念，加尔和罗希望将这个概念引入教练自己的学习与自我成长的过程，并运用在经营公司的实践中。停下忙碌的工作，沉浸在当下，反思过往，这让他们获得了一些深刻且有用的经验。两人共同设计的流程最终由加尔转换为一个简单的表格。表 13-2 源于加尔的设计，并且补充了一些后续课程中出现的问题与对话。

作用是什么

这个工具可以实现两个目标：

- 审核实现目标的过程进行到了什么程度，由此让客户承担起责任；
- 将学习经历运用到实践中，不管成功与否，都能让学到的内容适用于未来，让自己的行为更有可能带来理想的结果。

这个工具存在基本框架，但也具有灵活性。一切行为的目的都是推动自己与客户不断去学习，并在实践中运用学到的内容，同时又能为正念行动与自由思考创造空间。

运用这个工具的理想结果是让客户认识到行为和行动存在有效和无效的模式，进而推动他们强化某种行为或者选择做出改变。正是这样的选择让"正念"成为现实，因为这个选择在思考和行动间创造了一个暂停。采取错误行为或遵循无用行为模型将毫无意义。如果没有反思和评估的过程，你可能永远无法实现目标，或者虽然实现了目标却带来了消极结果。也有可能某个目标并不重要，但客户却投入了时间、精力甚至金钱。定期使用这个工具会让客户产生"这对我是否重要"的疑问，从而让他们明确不必为了行动而行动。这个工具更重要的作用在于帮助客户向正确的目标前进，并让他们时刻关注自身的努力。

何时使用

你可以在每次教练课程开始时使用这个工具，以便考察进展、确定客户为实现目标而投入的程度，或者用于考察两次教练课程间客户取得的进展。具体的使用时间取决于双方共同确立了怎样的教练受训关系。

教练需要在心里记住上面提到的目标与结果，随着与客户的合作逐渐增多，使用这个工具的时机自然会到来。这个工具也可以设计为进行持续学习与反思的辅助工具。"审核过程对你起到了哪些作用？"这个问题的设计目的就是为了让客户思考自己在哪些方面得到了提高，同时也能促进教练与客户双方的关系更加融洽。

使用流程是什么

如果在教练受训关系或搭档关系初期使用这个工具，教练需要向对方提出一个有关受训目标的问题——他们想得到什么结果？他们已经采取了哪些行动？这些行动为他们带来了什么结果？他们还在进行哪些行为？原因是什么？找到客户所做的所有行为中对他们具有重要意义的因素。这些事实可能会证明客户选定的目标并非真正的目标，并且能证明客户对其赋予的重要意义。

如果已经和对方建立了非常融洽的关系，教练可以使用这个工具审核上一次教练课程的行动，以及这些行动与整体目标的关联性。这个工具的核心组成部分是客户在建立教练受训关系时设定的目标与结果，以及他们在过去的教练课程中设立的特定行动目标。在审核过程中，如果客户愿意，为他们留出做笔记的时间。这意味着他们需要自己做记录，这是"将大脑中抽象的概念转化为文字"的练习，这也是让他们记录审核流程。有些客户或许会因为做笔记会打断自己的思维而反感这个做法，教练可依据客户情况来选择是否让他们做笔记。

你要按照表 13-2 提出问题。一些简单的问题如下。

你做了什么 / 没做什么？

你认为出现这种情况的原因是什么？

你注意到了哪些行为模式？

你学到了什么？

你想如何运用自己学到的知识？

这个审核流程对你有用吗？

表 13-2 中的问题对我们起到了很好的作用。每次与客户见面时运用表 13-2 进行目标与行动审核可以强化学习的过程，随着时间的推移，学到的内容会逐渐成为自己的潜意识，也更容易为自己所用，学到的内容也可以应用在我们的现实生活中。

小提示

随着不断进行反思，教练需要对问题做出调整。效果最好的做法自然是关注客户说出的每句话，从他们说过的话中自然能找到你想问的问题。

需要注意的是，教练可能也会反思自己的学习，当出现这种情况时要注意，不要多想，把精力集中在你的客户身上。

如果在工作环境中使用这个工具，选择一个不了解你的人做搭档，效果可能会更好。如此一来，对方也许会对你的学习过程提出"没有恶意"但又富有挑战性的问题。

使用这个工具需要集中精力，换句话说，这是一个有明确目标的指导性思维练习。在某种程度上，客户可能会感到"大脑受到挑战"，与你对话时可能经常会出现"我头疼死了"的说法。所以在这个过程开始前,你需要对客户做出解释,让客户做好相应的心理准备。

所需时间

你愿意抽出多少时间进行反思?这是一个非常严肃的问题。我们经常陷入行动的陷阱,而使用这个工具的意义更多地在于活在当下,关注自己的身体和心理。只要自己愿意,这个过程可长可短。

如果你在教练课程开始时使用这个工具,理想状态下最少留出 15 分钟时间,问一遍所有问题,让客户拥有充足的思考时间。如果采用更为灵活的方式,并且留出时间让对方安静地思考,那么这个过程的时间长短可以按照双方的意愿调整。双方需要提前确定好留出多长时间。

根据我们的经验,30 分钟时间是最合理的。时间长了注意力就会分散。不管怎么说,即便你定期只能抽出几分钟与客户一起进行某种程度的反思,他们也有可能培养出行动前暂停思考的能力。客户能够有目的地采取行动是教练课程取得成功的核心要素之一。

表 13-2 目标与行动审核表

问题	笔记
自从上一次审核后,你又完成了哪些行动(上一次对行动与目标的审核)	
你推迟了哪些行动	
是什么阻止了你	
你注意到了自己的哪些行为	
你想强化这些行为,还是想停止这些行为	
上一次审核后你学到了什么	
学到的内容与你的公司有关,还是与自己有关	
你希望在计划中加入哪些行动或改变(如果存在计划)	
审核流程对你起到了什么作用	
哪些做法有效,哪些做法需要改变	

工具贡献者:加尔·朗恩

加尔在蓝筹企业拥有 20 年的人力资源、教练和咨询方面的工作经验。他与许多企业经验丰富的管理者合作，共同追求卓越、推动成功的改变并获得了让人满意的结果。加尔对个人与企业管理者面对的挑战有着深刻的理解。他最喜欢的就是与客户合作，让对方获得成长，释放每一个人的潜能，使对方及其公司以最好的姿态在任何环境中取得成功。

客户将加尔的标志性风格描述为"界定"，这是将挑战、支持与激励结合在一起的模式，他提倡不拘一格、兼收并蓄地采用多种方法。加尔知名的还有她对待每个普通员工、每个管理者和每个团队的全面性方法，以此帮助对方选择合适的方向，提高他们的自我意识，并培养他们运用资源和制定策略方面的能力。

教练的工作意义就是帮助人们了解、接纳自己的全部。不管是好的、坏的还是丑陋的，不断发掘自己的潜力、拥有的资源及独特的能力，以便在工作与生活中成为最好、最快乐、最成功的自己。

工具 7：打破僵局

这是什么

这个工具针对的是陷入僵局且缺乏行动信心的客户。他们总是以其他人或其他事当作借口，实际上他们是在阻碍自己实现梦想。这个工具可以帮助他们打破僵局，增强信心，向实现更大目标、完成更大项目迈进。客户会变得越来越有信心，他们会制订行动计划，并着手付诸实践。

何时使用

当你发现客户陷入被我们称为"先 X 后 Y"的僵局后，就可以尝试使用这个工具。他们拥有一个目标、梦想或者宏大的项目，他们想实现这些目标，但现实却没有朝那个方向发展。通常他们会说自己没有足够的时间、资金或能力。你会听到客户为自己设置了如下障碍："除非 Y 发生，否则我做不了 X。"以下是一些例子：

"除非换个新老板，否则我无法参加公司的培训课程。"

"除非身体更健康，否则我不会去澳大利亚旅行。"

"除非搭档的事业起飞，否则我不会离开 / 更换工作。"

"除非换工作，否则我没时间去健身房。除非团队走上正轨，否则我没法换工作。"

对于实现远大梦想，大多数人可以合理地提出"自己没有足够的时间、金钱或能力"这种问题。然而，这些因素并不是人们陷入停滞的唯一原因。

使用流程是什么

（1）你需要一支笔和一张白纸。让客户放下"自己没有足够的时间、金钱或能力"的想法。如果他们在练习中再次出现这样的想法，你需要再次提醒他们先放下这些想法，保证当时机合适时他们至少有一份可用的计划。在白纸顶部写下"时间""金钱""能力"，始终提醒客户注意。

（2）用积极正面的方式表述客户的目标或梦想，并在白纸的右手边记录下来，比如"我想去澳大利亚旅游"。

（3）两个核心问题。

第一个问题："今天我能做吗？"如果答案是肯定的，那么一切已经准备就绪。醒醒！其实你已经做完了一切准备。如果答案是否定的（这种可能性更高），那就提出第二个问题："首先需要做什么？"

（4）确定首先需要做的事情，但事情不宜超过 4 个。以去澳大利亚为例，需要去做的 3 个主要事情包括研究地点、找一份更有灵活性的工作、得到家人的同意。将这些画作分支，填入关键词以导向最终目标。

（5）对每一个主要活动，再次提出前面的两个问题。首先问第一个问题："今天我能做吗？"如果答案是否定的，再问第二个问题："首先需要做什么？"直到最终形成一份清单，清单上面不是立刻可以着手的事情，就是已经做出计划安排好的事情。

（6）你的目标是做成一份视觉图，展示出通向最终目标的线路，这样客户才能知道怎样按步骤行动。

（7）这个练习需要以开始行动作为结尾。向客户提问："现在需要做什么？第一步是什么？"

小提示

● 这个练习可以在纸板上进行，也可以放在桌子上，茶歇时用白纸和彩色笔进行练习。

● 只提问，忍住向客户提出建议的冲动。

● 你可以向客户指出你注意到的不同行为之间的联系。

所需时间

理想状态下不超过 30 分钟。在 10 分钟内，你可以将客户的大目标拆分成几个小目标，并确定需要采取的行动步骤。

工具贡献者：凯特·波顿

凯特是经过 PCC（专业认证教练协会）认证的国际教练，她不断向客户发出挑战，使他们改善个人效率、领导风格与工作表现。她的客户中包括 IT 行业里众多追求成长发展的经验丰富的资深高管，这些人看重成功，希望拥有更好的生活品质，并以自己是否表现得更好为标准衡量教练对自己的影响。凯特是神经语言程序技术的资深应用者，也是 PCC 认证的国际教练联合会（International Coach Federation）的成员。

她以作者或合著者身份出版了 8 本畅销书，其中包括《认真生活，热爱工作，用 NLP 做教练》和《神经语言程序技术入门》。目前她正在撰写的作品名为《咖啡馆教练对话：有意义对话指南》。

凯特主要关注的是高科技产业中的 IT 企业和职业服务机构。这些客户在遇到复杂问题时，通常需要采取与众不同的方法。凯特相信教练工作可以帮助人们过上更好的生活、做出明智的决定，并在关键的转变时期带来有影响力的变化。

工具 8：培养复原力

这是什么

越来越多的人开始认同，不论是对企业还是个人，复原力已经成为自身能力的重要组成部分。考虑到大多数人需要面对的压力、要求、期望、工作节奏和不断出现的改变，很多客户发现自己难以维持身心平衡，无法保持高度的活力、自信和更好的工作表现。

帮助客户培养众多与复原力有关的能力，将会带来巨大不同。

这个工具可用于确定客户目前的复原力状态和灵活性程度。

我们使用的是一个简短的评估工具，其中包括一些可用的核心问题。这个工具可以为客户提供一个综合指南，他们能够评估自身的复原力和潜在的缺陷。

作用是什么

这个工具（见表 13-3）可以使客户关注自己拥有的优势，并在遇到困难时最大限度地发挥这些优势。意识到自己在复原力上的缺陷能够让客户有机会与教练合作，通过提高灵活性，进而提高自身整体的复原力。

何时使用

当客户难以应对改变或者其他人提出的要求与期望时，以及当客户遇到信心或自尊受到打击的事件时，就可以使用这个工具。

拥有一份指南指导客户如何分配精力、明确可以使用的资源，以及可以采用哪些方法来解决问题、继续前进，这无疑是最好的结果。

使用流程是什么

确定客户正在面对的情况，以及他们经历改变时体验到的不舒服或焦虑的程度。

将表 13-3 提供给客户，确定突破障碍时可以考虑使用哪些策略。让客户做出合理预期，这个工具不会进行总结，只会得出一个用于讨论的评分。

完成表格后询问客户产生了哪些疑问，他们会怎样回答。

与客户一起思考并探讨他们如何充分利用自身的优势应对局面或者改变现状。

不提供建议，让客户选择不超过 4 个可以继续探索的领域，将精力集中到这些领域。帮助他们确定投入多少精力，以便测试出最佳选择。

小提示

一些问题可能会进一步引发与客户当时面对的局面无关的其他问题。在这个阶段，教练的任务就是集中关注核心问题，并且认同客户提出的希望在其他问题上深入学习的想法。

很多人不承认自己的复原力存在缺陷或差距，客户可能觉得自己理应具有复原力。你可以通过提出具有挑战性的问题帮助他们反思。

我们建议，教练应该系统性地梳理所有因素。根据我们的经验，讨论那些不是立刻出现的问题才会有最大收获。

相比回答所有问题、分析这些回答的意义，分数其实并没有那么重要。

双方可能需要确认一个时限，在这个时限范围内讨论并明确关键的相关信息。

所需时间

有必要抽出一些时间明确表 13-3 中所有问题的含义，帮助客户将表格中的问题与自己的现实状况联系在一起。有些客户可能希望在简单讨论后立刻分析结果。

表13-3　复原力特征分析表

认真思考以下问题，分析自己在复原力方面的特征，特别是在承受压力、面对巨大改变的情况下自己的表现。

	4	3	2	1
你会在多大程度上：				
考察自己的真正目的是什么				
设定特定目标和结果				
考察自己最重视的及对自己最重要的事物				
以积极态度对可能实现的结果发出挑战				
我的目标得分 =				
你会在多大程度上：				
要求周围的人提供支持或帮助				
获取并利用其他人的专业技能				
寻找拥有不同想法的人并和他们交流				
寻找平常不会使用的资源				
我的人际网络得分 =				
你会在多大程度上：				
探索新的选择				
继续推进已经实现的目标				
集中精力，关注需要完成的工作				
将更多精力投入能够推进实现目标的事情上				
我的决心得分 =				
你会在多大程度上：				
集中精力关注成功的标准及成功带给自己的感受				
明确哪些目标是可以实现的				
明确自己从他人身上需要获得什么				
回忆过去哪些做法有效				
我的积极现实主义得分 =				
你会在多大程度上：				
寻求他人的反馈意见				
回顾截至目前自己学到了什么				
探索新知识或技能				
确定自己能够控制或影响什么				

（续表）

	4	3	2	1
我的自我意识得分 =				
你会在多大程度上：				
进行一项能够提高自身活力的行动				
寻找最合适的放松或充电方式				
了解如何最大限度地利用好自己的时间				
考虑自己有哪些没有使用的优势				
我的自我管理得分 =				

工具贡献者：布鲁斯·霍沃德

布鲁斯是一名拥有丰富经验的管理咨询师，他的活跃区域位于伦敦北部。他在英国和其他许多国家的私营与公立部门为各个层级的管理者提供教练服务。

布鲁斯已经创立了自己的公司，专注于培养人们构建复原力，减小压力，防止出现高压状态。他通过教练课程和团队发展培训项目实现上述目标。布鲁斯在他的教练课程中经常倡导崭新的思维方式、明确的目标、获取多种解决方式，以及致力于可持续的改变。

工具 9：搭建并使用支持网络

这是什么

作为教练，你的一项重要的工作就是指导客户培养自身的能力，以便他们能够更高效地应对随时出现的问题和挑战。在特定时候，客户会描述自己由于能力不足或者考虑不周导致局面陷入停滞，从而引发自身担忧的情况。你会产生强烈的感受，但你只有跳出客户自身的局限，才能继续前进，解决问题。

很多人试图独自应对压力。这通常意味着他们依然会用自己惯用的方式来应对压力、解决问题。其实，在这个时候其他人可以为他们提供不同的视角、崭新的思维方式及具有建设性的反馈意见。当客户对自己太过严厉或者过于贴近问题时，听听其他人的意见和建议会起到很好的效果。

作用是什么

这个工具可以帮助客户在需要时获得适当的支持。知道自己何时需要帮助并且能够寻找合适的资源就能帮助客户减小压力，使他们愿意尝试不同的解决方案，了解哪些做法更有效，并将不同的理念融入自己的行为方式中。

何时使用

教练的工作之一就是为客户指明"做决定、探索各种可能性及评估各种方案"的途径。当你认为客户陷入停滞、尝试了他们知道的所有方法时，你就可以引入外部资源。

使用流程是什么

在为客户提供多种选择时，最好先了解客户对发掘不同资源、拓展人际网络是否持有开放心态。如果回答是否定的，你就有必要与他们探讨为什么不愿使用他人的支持与帮助。

如果客户愿意接受他人的帮助，你就可以从多种方法中做出选择。其中一个方法是让客户确定自己的人际网络中有哪些人，以及他们没有利用其中哪些人的帮助。另外，你也可以了解在客户陷入挣扎的领域中，他们给哪些人打出了高分。此外，你还可以找到客户曾经遇到过的、如今可能成为对他们具有积极影响的那些人。

接下来的工作就是确定这些人做过什么，或者能够提供哪些与客户现状相关的线索。

最后，与客户讨论如何接近这些重要人物，或者与他们建立联系。这通常会引出下一步。

流程

要求客户画出自己的人际网络图。画出图像可以帮助客户更清晰地看清全局，了解自己可以得到哪些支持，以及自己需要在哪些人际关系上付出更多的时间和精力。

接下来，客户可以确定某个人或某个团队，他们要么已经为自己提供了某种形式的支持，要么最有可能在自己开口询问后给出积极回应。给客户留出时间认真思考所有团队和个人，通常客户会有意外或者全新的发现。

接着让客户思考自己的人际网络中缺少了哪些人，也就是客户减少了联系时间、失去联系或者消失在人际网络中的那些人。了解哪些人客户绝不会主动接触，了解客户这些决定背后的原因及他们可能做出的假设，这个做法会起到很好的效果。

小提示

这个流程可能会持续一段时间，所以最好以作业形式出现，或者让客户在教练课程开始前在心里先形成一个大致的脉络。

教练提出的问题应当集中于客户的假设、猜测，以及阻止他们前进的障碍。你可以通过回顾之前的主题、谈论自己注意到的模式、讨论客户使用的语言及具体做过的事情实现这个目标。

教练也可以坚持不懈地提问，或者采取不同的探讨方式，这些都是为了帮助客户了解可能的选择，帮助他们获得各种可能性。鼓励客户认真思考，让他们注意到那些隐藏的信息，这才是最有价值的做法。

客户也许不愿寻求他人的帮助。通过了解他们的思维方式、担忧的事情，教练可以向他们提出保证，鼓励他们质疑自己的抗拒心理是否合理。我们经常遇到自认为只能独自应对困难局面的客户，他们既不愿表露出任何焦虑心态，也不愿露出任何弱点。你可能会拿自己过去的成功案例或者其他具有开放心态的人举例，正是因为他们愿意寻求适当的帮助，这些客户才实现了突破。需要帮助而没有寻求帮助，背后的原因值得深思。下面是我们总结出的一些原因，或许能给你一些帮助。

- 他们认为自己是最好的。
- 他们坚信这是应对局面的唯一方法。
- 他们害怕自己表现出能力不足或不够专业的样子。
- 他们认为必须向其他人证明自己能够承受任何压力。
- 他们担心其他人的建议可能难度过大。
- 他们不希望其他人认为自己很脆弱。
- 他们不信任其他人，不想让别人了解自己太多的信息。
- 独自完成工作已经变成了习惯。
- 他们害怕失去控制。
- 过去的经验表明，他们最好坚持到筋疲力尽的程度。

所需时间

这是一个开放式流程，既可以在一次教练课程内完成，也可以延续多次。也有些客户能够迅速完成整个流程。

工具贡献者：布鲁斯·霍沃德

工具 10：为客户确立真正的目标与方向

这是什么

当客户需要改变状态、提升工作表现或者获取更多力量时，这个探索性的方法可以为他们提供一种集中力和方向感。

作用是什么

作为教练，为了帮助客户取得发展，有时你需要让他们知道自己需要哪些力量，让他们获得明确的概念，而不是让他们感到无助、失去动力。

当客户沉浸于细节、无法看清全局时，在这个工具（见图 13-4）的帮助下他们也能取得令自己满意的进展。最常见的障碍就是客户的激动情绪，或者客户在应对某个局面时个人感情过于强烈。

何时使用

当客户遇到注意力缺失、不确定自己能够实现什么目标时，这个工具能够为他们注入强心剂。当客户认为自己失去动力与方向时，这个工具也能为他们提供推动力。

使用流程是什么

首先，教练需要在客户出现缺乏活力、精力不集中或者迷失方向的情况时提出反馈意见。此外，教练可以帮助客户确定他们已经取得了哪些成绩，以及希望实现的最终目标。

其次，根据客户的回答，教练可以在框架范围内提出具有挑战性的问题，拓展客户的思维，帮助他们明确前进的方向。

最后，教练可以帮助客户明确他们的真正目标与渴望得到的结果。这个过程可以证明，这些目标、结果与客户的动力之间存在明确的联系。

目标
你的总体目标是什么

价值观
真正重要、需要实现的是什么

战略
需要哪些综合方法

策略
你可以使用哪些资源

标准
成功的标准是什么

行动
你和其他人首先需要做什么

图 13-4　将目标转化为行动的展示图

流程

向客户提出明确的观察性反馈，需要明确指出客户的做法。例如"我注意到你不断重复同一个行为，而且看起来很焦虑"。注意自己的观察，以及这些观察对客户的意义。

教练可以向客户提出类似下面的问题。

- 你认为自己面对的这个挑战目前处于什么状态？
- 在这个阶段，什么能对你起到帮助作用？
- 解决这个问题，你的真正目标是什么？
- 为了实现这个目标，未来你需要做什么？
- 如果去做这些事情，你会获得哪些经历？
- 发生什么事情意味着你取得了成功？

如果不需要额外解释就能得到客户细节详尽的回答，你可以向客户提问："这些事是如何帮助你实现目标的？"

让客户反思相关信息及其代表的意义。

将观察到的力量、节奏与动力的变化分享给客户。这能帮助客户了解在实现目标的道路上是否取得了进展。

了解客户对任何行为的投入程度。你可能需要提醒他们，不同的想法与面对的局面及他们的整体目标之间存在哪些联系。

小提示

有时教练需要在提出问题后为客户留出思考的时间和空间。当你意识到客户在思考问题期间希望拥有自己的时间和空间时，这种做法会起到非常好的效果。

考察客户的目标感，有助于确定客户正在探索的领域与他们想实现的目标是否具有相关性和重要性。对教练来说，培养客户的目标感非常重要。

客户可能会抗拒教练帮助他们重新集中注意力所做的工作，日后这可以成为客户挑战自我的动力。大多数人不喜欢在没有取得任何进展时被人挑战和质疑，但我们都知道在这种情况下自己必须做点什么才能继续前进。

所需时间

认真完成这个流程可能需要整整一次教练课程。其实，你也可以提醒客户，完成部分流程也能为他们提供有益的帮助。

工具贡献者：布鲁斯·霍沃德

第十四章

管理人员教练指南

工具 1：为提升表现而指导——如何帮助表现不佳者实现目标

这是什么

你向员工分配了一项任务或一个项目，希望他们按时、保质保量完成以获得结果，而员工的表现不符合预期，这当然是让人失望的事情。当你得到了一个不符合预期或者达不到标准的结果时，和对方讨论如何提高表现力就会变得很有难度。很多时候，你可能想自己来完成这项工作，但这么做无法让对方成长，而且会增加你的工作负担。优秀的领导者总是有策略地采取行动，为了有时间提高自我，所有员工能够按照要求完成工作就变得至关重要。这里的难点在于和员工展开对话——如何传达信息，让对方保持动力，这很需要技巧。

作用是什么

这个工具的作用是确保你在进行了完备的分析后再去与人交流，帮助你为双方的讨论进行充分准备，同时让你知道在进行正式的表现管理流程前给对方足够多的鼓励。

何时使用

当你意识到团队成员表现不佳时就可以使用这个工具。通常来说，一个人工作做得不好时旁人能注意到，但以为无须干涉他们也能提高表现力。事实上这种情况很少见，除非他们只是在工作中遇到了意外的小挫折，而这时你需要抽出时间客观地分析情况，以正确的方式与对方沟通，从而确保两方的交流富有成效。

使用流程是什么

第一步是思考这个人为什么表现不佳。你可以使用表 14-1 进行自我反思。

（1）是缺少技能还是缺乏意志？

（2）我作为管理人员，有没有可能做了妨碍他们表现的事情？

（3）资源、时间或者工作量方面是否存在阻碍他们表现的因素？

（4）他们的职位合适吗？或者说，他们在现在的职位上能否发挥自己的强项？

（5）是否与利益相关者 / 团队成员存在可能成为问题的冲突纠纷？

（6）是否存在影响他们的私人问题？

第二步是思考你已经和他们进行了什么样的交流。

（1）可能获得怎样的结果？

（2）他们的权力与职责的范围和界限是什么？

（3）具体的最后期限是哪天？

（4）大局是什么，以及他们如何融入大局之中。

他们对上述问题能做出准确性多高的回答？在与他们讨论工作表现前，你需要对上述什么问题做出澄清？

第三步是思考你希望看到什么样的工作表现，思考他们现在的工作状态，两者之间存在什么差距，你该如何描述这种差距。

将这些问题的答案转变为你的开场白——你只有一个机会说好开场白，如果使用了错误的语言，那么交流从一开始就会处于不利局面。

下面是在教练课程的讨论中需要提出的四个核心问题。

（1）你对这个职务／任务有着怎样的理解？（如果存在误解，澄清这个误解也许能带来不一样的结果。）

（2）是什么阻止你完成工作？（仔细倾听对方的回答）

（3）我能做什么不一样的事，帮助你实现符合标准的工作成果？

（4）什么样的支持与发展能让你工作更高效？

表 14-1　自我反思工具

问题	笔记
是缺少技能还是缺乏意志	向自己提出"百万美元宝贝"式的问题。如果我给这个人 100 万美元，他们能做我要求的事吗？如果答案是能，这里的问题其实在于"意志"。所以说，他们消极怠工真正的原因是什么
我作为管理人员，有没有可能做了妨碍他们表现的事情	你是否高效地分派任务 你是否清晰明确地说明了优先事项 你能否保证自己不会经常改变想法，让对方对自己该做的事产生困惑
资源、时间或者工作量方面是否存在妨碍他们表现的因素	他们是否得到了所需的全部信息 他们是否拥有完成任务所需的足够多的时间
他们的职位合适吗？或者说，他们在现在的职位上能否发挥自己的强项	你和他们讨论过他们的强项吗 你是否向他们提供了工作所需的培训
是否与利益相关者／团队成员存在可能成为问题的冲突纠纷	如果存在纠纷，这个纠纷是否阻碍他们获得完成工作所需的信息
是否存在影响他们的私人问题	这个行为是否不符合他们的个性

小提示

- 尽量不做评判，这大概是很难的事，但是你要做的非常重要的事。
- 定期做出总结："所以，你的意思是……"。
- 避免说出任何给人"家长式"感觉的话，注意自己的语气和言语。
- 交流最后，让对方告诉你他们对这次交流的理解，确保双方都能明确对方的意图。

所需时间

对话交流可能持续一个小时或更长时间，但工作表现提升的过程可能非常漫长。你需要考虑自己愿意给他们留出多少时间，愿意在他们身上投入多少精力，特别是他们表现不佳已经持续了很长时间，或者他们表现得没有动力做出改变时。

工具 2：为留住人才而执教

这是什么

我们通常花费大量时间管理表现不佳的人，这是一项重要的工作。但我们也需要留住有才华的员工，而往往我们容易忽视他们。这种现象出现的原因大概是他们安静地工作，稳定输出，给团队带来的困扰很少。然而，如果他们觉得自己没有得到足够的关注，或者他们的努力没有得到认可，他们就有可能去其他地方寻找机会——正因为他们是优秀员工，所以他们能比其他人（或说一般人）快速轻松地找到其他工作。

作用是什么

这个工具可以确保你与有才华的员工进行有价值的对话，了解他们工作的最大动力是什么，确定自己如何不断丰富他们的角色并提升他们的能力。

何时使用

你应该定期与有才华的团队成员进行这样的讨论，并在讨论之前做好准备工作（见表 14-2）。每个人需要不同频率的这种讨论，有些人可能希望一个月一次，有些人可能希望一个季度一次。重要的是，由他们选择和你交流的时间长短。

使用流程是什么

首先，让对方设置议程是一种有效的做法——他们有什么希望讨论的话题吗？如果从未和他们讨论过动力问题，你可以考虑使用表 14-3 和表 14-4。这个问卷可以让他们深层次地评估自身动力，让你拥有一个好用的讨论工具。

记住，这种讨论的目的是让对方充满动力、感觉自己受到重视，同时认为自己还有一定的发展空间，以便不断学习进步。

表 14-2　与人才讨论的准备工作

重要提示：首先围绕这些主题提出问题，随后再表明自己进行了准备。

领域	问题	评论
你对那个人和他的表现做出了怎样的观察	他们表现特别好是什么时候 你觉得他们在哪些方面脱颖而出 他们在什么时候状态最好	
你能给出什么样的反馈意见，为他们提供动力	确保你的反馈意见非常具体，你的观察不是泛泛而谈	
你觉得这个人的动力到底是什么	有必要使用工作特点问卷，你也可以与他们讨论真正的动力是什么	
你能做什么丰富他们的角色并提升他们的能力	有什么拓展能力的项目吗 可以用他们培养其他人吗 有什么会议是可以指派他们代替你参加的 有什么机会可以让他们在高层管理人员面前更有存在感	
你认为他们的职业生涯未来可能怎样发展	思考五年后的情况，那时你们所在的组织机构有什么机会 思考有助于他们获得所需地位的横向移动机会和纵向移动机会	
想获得那样的地位，他们需要做什么	现在思考他们是否存在差距——本书前面的"发掘模式"可能有助于这方面的讨论	
他们需要你给出什么样的支持	思考自己是否对他们进行了足够的培训 在赋予他们更多的自主权或权力方面，你还能做什么	
他们需要什么样的发展？你该如何提供这样的发展机会	思考任何可用的培训、课程和外部的正式培训项目 他们有导师吗，你能帮他们找到导师吗 他们能与外部机构建立联系，用来评估自身目标实现情况或分享知识吗	

表 14-3　工作特点（第一部分）

这份表格可以让你深入分析自己对某个角色的偏爱程度。在最接近你理想状态的方框中打钩。这里的答案没有正误之分，你的偏好才是重点。

		强烈偏向	偏向	平衡	偏向	强烈偏向	
1	高结构：由他人设定目标/流程						低结构：为自己设定目标
2	短周期工作；经常进行新活动						各项工作持续很长时间
3	非常耗费精力的工作；考虑在私人时间工作，带工作回家						只在工作时间工作，回家后无须考虑工作的事
4	做任何可以完成工作的事						遵循已确立的流程很重要
5	与公司里的其他人密切合作，重视团队合作						大部分时间独自一人、独立工作
6	需要思考创意，获得他人支持						无须他人支持，只需要运用已有创意
7	需要数量型技能（制定预算、预测、分析等）						只有极少的数量型工作
8	低风险，失败可能性低						高风险，高难度
9	经常与我的上司沟通交流						不经常和我的上司交流
10	与外部客户的接触相当频繁						与外部客户几乎没有接触
11	需要高度专业化的现有技能						相比专业化，更需要适用范围广的技能
12	工作的属性为快节奏、严格的截止日期、高强度地追求结果						允许慢节奏工作、较宽松的截止日期、对结果的要求没那么高
13	管理其他人，是团队领袖						不管理其他人，不领导团队
14	很少需要创意或创新						需要大量创意或创新
15	结果在高层管理者那里存在感很高						结果在高层管理者那里存在感很低
16	需要高度重视细节						对细节的重视度要求不高
17	工作时间灵活可变						工作时间是确定而稳定的
18	经济回报是稳定且可预测的						经济回报存在波动，与工作结果关联
19	随意的工作环境与着装要求						正式的工作环境与着装要求
20	经常出差，经常在外地过夜						很少出差，很少离开本地

（续表）

		强烈偏向	偏向	平衡	偏向	强烈偏向	
21	经常收到与工作表现有关的详细反馈						很少收到与工作表现有关的反馈，即使收到，反馈也很宽泛
22	需要为决策高度负责						在决策方面只有有限的责任
23	众人可以参与决策						决策主要由高层做出
24	需要经常书面沟通						很少进行书面沟通
25	管理人员采用直接命令法，封闭的监管体系						管理人员鼓励自我管理，鼓励接受其他人的指导
26	充满竞争的环境						无竞争的环境
27	结构化成长发展						成长发展无结构性，都与工作有关

表 14-4　工作特点（第二部分）

	特点	重要指标
1		
2		
3		
4		
5		
6		
7		
8		
9		
10		

重要指标

10-8　必不可少

7-5　对我来说非常重要

4-2　非常喜欢

1-0　如果其他因素到位，没有这个也可以

小提示

尽管提前准备有用，但你应该让对方主导这次对话，除非认为对话需要更多的

结构性，你才可以使用自己的模板。在对话过程中，展现自己拥有高超的倾听和总结技巧至关重要。尝试只提出与对方正在谈论的内容有关的问题，而不是根据自己的计划提问。

所需时间

至少 1 小时，但留出一些用于缓冲的时间，以防讨论进入关键节点——因为关键，所以不能停止讨论，还要给对方足够的关注。

工具 3：指导陷入矛盾的人（个人、小组或整个团队）

这是什么

在组织机构中，矛盾特别消耗时间。矛盾会导致很多问题，包括团队找你议论其他人耗费时间、本可以用来做其他事却因为担心矛盾而消耗能量、人际关系纠纷，最糟糕的是，你会被看作糟糕的管理人员。

作用是什么

不管是整个团队的矛盾，还是个人之间、团队中不同组成部分或者与外部团队的矛盾，这个工具都可以帮助你分析并解决团队所面临的矛盾。这个工具可以帮助你高效地解决根源问题，好让矛盾不会在未来重新出现。

何时使用

只要你认为矛盾妨碍了团队的工作表现，或者你感觉团队行为变得破坏性过强、有可能给工作结果带来不好的影响时，你都可以使用这个工具。越早使用这个工具，你就越有可能最大限度地减少矛盾带来的破坏。

使用流程是什么

会面准备

- 成功会是什么样的，也就是说我眼中问题得到解决后的情况。
- 我对正在发生的事有着怎样的观察——我如何才能富有建设性地做出表述？
- 我希望团队更多 / 更少地做什么，或者做什么不一样的事？
- 如果是整个团队面临的问题，你需要向每个人分发表格，让他们填完后交给你。向团队成员保证他们的回答可以保持匿名状态。

● 收到团队成员的回复后进行总结，确保他们不会看出是谁做出了什么样的评价。

● 如果你的某个行为妨碍了团队，或者刺激矛盾产生，那就做好改变自身行为的准备。比如，有人找你议论（不好的议论）团队中的其他成员时，你会火上浇油吗？

会面进行中

● 为讨论创造合适的氛围——鼓励团队成员毫无保留地诚实讨论。

● 与团队成员达成协议——保证他们均同意在会面或研讨时采取某种行为方式。

● 描述你的观察与调查结果——团队成员对此有什么看法？

● 大量使用开放式问题，比如"其他人怎么看？""如果换一种行为方式会是什么样的？"

● 你愿意投入多大精力去改变正在发生的事情？

● 应用本书前面提到的 ORACLE 模型——真正的问题是什么？

● 确保每个人都要发言的机会。

● 明确每个人的贡献，确保每个人都知道讨论进展，你可以说类似"你说的是……"这样的话。

● 定期进行准确的总结——所以我听到的是……

● 使用关注未来的语言，比如"听起来我们需要做……"

● 使用行为校准，比如观察一个人行为的细微变化，如果你感觉某些说法不被接受，你可以用提问验证自己的想法。

● 如果觉得团队成员情绪激动，可以暂停休息一会儿。

● 即便某个团队成员的行为让你生气，也不要表现出来。

● 仔细观察，寻找那些只会动嘴皮子的人。

● 不要以为问题能立刻得到解决——到底有没有用，工作上见真章。

● 避免进入"催促"模式——告诉别人该怎么做很容易，但你在这里的任务是推动讨论进行。

● 会面的最后问每个人："现在你的感觉怎么样？"

● 让团队成员从 1 到 10，为他们对达成一致的解决方案的认同度打分。

● 让团队成员说出自己在哪件事上愿意采取不一样的做法。

- 就如何衡量进展达成一致。
- 最后问团队成员，如果再次发生这种情况，他们会怎么做。

小提示

- 如果注意到任何小冲突，重新召集团队成员，再次进行讨论。
- 不管自己有多生气，总是保持中立态度，对观察到的现象做出描述。

所需时间

和每个人讨论最多可能达到两小时。核对准备文件、为讨论做准备可能需要半天时间，至少再留出半天时间用于研讨。后续讨论的时间因人而异。

工具 4：向上指导——如何管理你的上司

这是什么

很多人发现，和直属上司的矛盾导致自己无法高效工作。然而，尽管沮丧生气，但他们发现自己难以表述这些矛盾。这里谈论的是哪一类事呢？说的是上司糟糕地分配工作、双方沟通不足、双方没有足够的面对面交流时间、上司使用让人泄气的语言，或者上司没有给出足够的反馈意见。还能继续列举这类事。现实就是，管理人员根本没意识到自己做了阻碍下属工作的事情，因为如果他们意识到，他们会改变自己的行为。

作用是什么

这个工具可以帮助你理解问题，好让你与上司进行均衡且无戒备心的交流。"指导上司"的说法听起来可能有些古怪，但和指导上司不同的一种方式是直接告知他们，而这可能无法带来理想的结果。

何时使用

只要觉得某种问题或行为妨碍你准确完成工作，而且对自己的角色越发沮丧，你就可以使用这个工具。越是拖延不交流，交流的难度就会变得越大。

使用流程是什么

首先，使用表 14-5 进行准备工作。当出现一个局面时，思考你的上司如何看待这个局面。此外，思考对方同意做出改变后成功的样子，以便确定自己的目标。另外，也要抽出时间思考自己是否做出了导致局面恶化的事情。对比他们和你的工作风格（过去你可能进行过个性测试，比如迈尔斯－布里格斯性格测试等，这些测试有助于分析），找出他们风格的特点。你们是否拥有不同的风格，如果答案是"是"，思考你们之间的矛盾是不是不同风格导致的？

接下来，思考开场白。双方的交流能否拥有一个扎实的基础，开场白至关重要，你可以说："我想谈谈怎么一起合作，你对现在的情况有什么看法？"如果他们不觉得有问题，也许你需要换一种表述方式。这个过程的关键是，你的语言应该把焦点放在未来，讨论你希望他们做出什么改变，而不是简单地告诉对方作为管理者他们存在哪些缺点。

当他们开始回应时，仔细倾听，用可以引起共情的方式复述自己听到的话，比如"所以说，你的意思是你觉得我没有正确理解你的指示？"

如果你说的是非常严肃的问题，而对方似乎不愿听你说话，或者不关心你的看法，你可以尝试采用一种框架性的做法，你可以说："我知道你不是故意不回我的邮件，但是如果我打电话、发邮件得不到回复，我会觉得自己不受重视。"你要保证自己的语言只是对观察到的现象的描述，不能带有评判色彩（你可以说"我觉得我们没有足够时间交流"，而不要说"感觉你总是在无视我"）。

使用积极正面的语言，让对方了解到收益。比如你可以说"我觉得做一些事能让我的工作更高效，比如你可以"：

- 在月初给我分派工作；
- 向我抄送邮件；
- 让我更多地接触利益相关者。

进入教练模式后，确保自己使用具有推动性的问题，确保他们有足够机会了解他们自己的观点——他们的想法是什么，他们能做什么，有什么选择，他们还能做什么。提出类似的问题，确保上司真正愿意做出改变。

小提示

- 如果对方回绝你，说都是你的错，你要做好倾听他们意见的准备。
- 确保他们不会随意打发你，你们需要真正讨论问题。
- 如果他们表现出戒备心态，你该询问现在是否不是讨论问题的好时候，想办法和他们讨论你为什么会有这样的感受。

所需时间

这取决于你的上司属于哪种类型的管理者——如果他们富有好胜心、动力十足且坚定果断，那你和他们交流的时间可能不会很多。

表 14-5　指导上司的准备工作

我如何看待这个局面	
我的上司可能怎么看待这个局面	
如果他们改变行为，成功会是什么样的	
与我的工作风格相比，我注意他们的风格有什么特点	
我是否做了什么火上浇油的事	
我的开场白是	

工具 5：指导抗拒改变的人——应对消极态度

这是什么

有些人能在改变中大放异彩——他们欢迎改变，接纳改变，在改变中顺势而为。而有些人会觉得改变难以接受。他们喜欢身处一个没有惊喜的世界，他们享受一切保持"正常"和"稳定"，当你带来一个改变时，他们会又沮丧又担心。不同的性格类型，比如迈尔斯－布里格斯性格测试中提到的那些性格的人，也有各自偏爱的回应方式。有些人喜欢制订计划，喜欢坚持自己的计划，而有些人则喜欢根据情况自由发挥。

作用是什么

这个工具可以帮助你更好地理解一个人为什么抗拒改变，让你能够找到和他们沟通的办法。

何时使用

要么在引入改变前使用，要么在改变进行中使用，特别是在感受到他人消极性的时候。

使用流程是什么

● 首先，思考自己处于改变的什么阶段。也许你熟悉改变的时间比他们更长，也有更多的时间与改变达成妥协。是什么使你融入改变，你如何使用这些信息帮助他人？

- 随后，客观地考察他人抗拒改变的原因。他们抗拒的究竟是改变，还是引入改变的方式？也就是说，可能他们抗拒的是没有征求他们的意见就引入改变。

- 了解是什么让他们沉迷于过去。这个信息可以帮助你换一种方式向他们提出改变。

- 以最有助益的方式向他们介绍改变。有些人热爱改变，而有些人非常担心改变。也许你可以说一些提到两种情况的话语，比如"这是一样的，这会带来不同"。

- 询问他们想以什么样的方式参与到改变中。他们可以进行用户测试吗？他们能帮助教育他人吗？

- 确保自己持续处于教练模式。当他们说出事情遇阻的原因时，让他们思考问题的潜在解决方案。

小提示

- 有时人们抗拒改变，只是因为他们想被人倾听。

- 他们可能意识到自己做不了任何能够影响改变的事，但他们想让其他人真正倾听他们的心声，所以展现出自己拥有高超的主动倾听和复述技能将会起到很大作用。

- 过于用力地试图说服他人，只会导致他人产生更严重的抗拒心理。

- 绝不要对他们的恐惧表示不屑，或者对他们说"一切都好"。如果他们担心自己的职位不稳定，或者担心自己还能不能保住工作，他们自然不会觉得"一切都好"。

- 遇到他们抗拒改变的情况时，有时对他们说一句"你也许是对的"可能很有用，这能让人们放松戒备。

所需时间

取决于改变的大小和严重程度，需要多长时间就用多长时间。有些人需要几个月才能适应改变，而有些人可能需要更长时间。然而，如果遵守使用工具的流程，需要的时间可能更少，也更愿意接受改变。

第十五章

打造教练实践活动

工具 1：教练的价值主张

这是什么

做教练产生的结果大多是无形的——现实中不存在你能出售给潜在客户的有形的东西。尽管你可能拥有实体产品用于支持教练流程，但教练这个行为本身难以描述，对那些过去没有做教练经历的人来说尤其如此。因此重要的是，你要以适合受众的方式宣传自己的教练服务。你要根据对潜在客户的了解设计自己的教练实践方法，这样才能提供他们想要的服务。

作用是什么

价值主张可以描述出客户从教练课程中能够获得哪些收益。这个工具可以帮助你了解：

- 你的客户群体是什么；
- 他们正在面对什么问题；
- 你能如何帮助他们。

何时使用

打造价值主张在企业生命周期的任何阶段都是非常有用的活动，因为这是一种简单的办法，足以说明企业的使命。如果刚开始做教练，这个工具可以帮助你确定未来将服务哪些客户。有时外界会把你服务的市场称为"生态位"市场，但你不必局限于一个生态位市场。每当你把一个生态位市场加入自己的教练实践时，你都可以打造一个新的价值主张。

你也可以利用自己的价值主张打造自己在社交媒体上的简历。举个例子，如果你选择在领英（LinkedIn）上营销，你可以把简化版的价值主张当作个人简历。反过来，你也可以在个人简历中提取关键词，将它们用作自己的社交媒体标签词。

价值主张相当于灯塔，可以让你明确你能为客户提供怎样的服务，以及你如何帮助他们实现目标。

使用流程是什么

这个流程很简单，但需要大量思考。

- 收集你有意服务的潜在客户的数据，了解他们希望解决的问题。思考收集这些数据所能用到的全部资源：社交媒体及相应群组、与朋友和家人的对话、社交网络事件、阅读内容、搜索引擎上的搜索历史等。他们在新闻、社交媒体帖子下做出过什么评论？你能在其中找到什么主题？尽可能多地收集信息，并不断更新信息，好让自己知道最新的主流思维。

- 收集到信息后，自己在心里假设真正的问题是什么，想象自己如何解决这个问题。建议使用以下模板。

  ◎ 我相信我的（教练实践）可以通过（不被紧张情绪影响），且（做好准备和演练），帮助想要（影响、说服他人）的（商界专业人士）。

- 利用自己假设出来的前提，你可以使用以下说法回答这个问题："你什么时候知道（××）是个问题？我能帮你解决（那个问题）。"（这个方法源于安东尼·加迪斯，他创造了原始的模板，这也被称为盖蒂 / 加迪斯推销方案。加迪斯是 Symphony 7 的创始人，他的理念已经对超过 10 亿人产生了积极影响）。

- 使用前面提到的假设情况，这段话就会变成："知道自己要在一大群人面前演讲的时候，你就知道有问题，你还变得特别紧张是不是？我能帮你解决那个问题。"

- 你的最初几次尝试可能达不到目标，你可以在家人和朋友那里进行尝试，获得反馈意见。越能明确所要协助对方解决的问题是什么，你就越能轻松地想潜在客户做出解释。

- 利用自己的价值主张打磨自己的教练技能，以帮助客户解决他们寻求你来解决的问题。对你认为自己的生态位市场所面临的每一个挑战，练习大声说出、写下针对性的价值主张。总有一个价值主张能赢得共鸣——将这个价值主张扩充为原始教练服务包，并进行测试。

小提示

- 在花费太多时间和精力开发教练服务包与服务内容前，了解潜在客户的需求以及愿意支付的金额。你认为自己拥有好的创意是不够的，这不代表创意有市场。

- 从自己已经了解的事物入手。你已经详细对哪一组客户有了详细的了解？如果你离开企业转行做教练，你可以想想自己的前同事，想想怎么和他们交流日常面对的挑战。你拥有什么能力，或者拥有哪些领域的专业技能？虽说你会使用教练技能，但拥有除此之外某个领域的专业技能意味着你在特定客户群组中拥有更高的信誉。你说着他们的专业术语，能比不了解情况的人更深层次地理解他们。

● 在这个过程中享受快乐——你对自己创造的解决方案越没那么在意，你就拥有越大的自由去探索可能花钱去获得你提供的服务的潜在客户群组。

所需时间

这个流程的第一部分，也就是收集数据，可能需要几个小时到几周时间，具体取决于你愿意进行到多深层次。本质上说，这是一个永远不会结束的进程，因为你总是需要更新数据、跟上潮流。

提出假设和创设价值主张可能需要多次尝试才能成功。建议用 30 分钟或者不受干扰的整段时间去思考这些信息。不断修改价值主张，直到真正能够引起你的共鸣。问自己，对别人说出这些话，自己有多大自信。

设置一个 2 ～ 4 周的时间限制，去检测你的假设和价值主张：在这个时间限制的最后，你拥有多少潜在客户；你是否有足够大的兴趣来设计一套详细的教练服务包。

工具 2：打造教练服务包

这是什么

提出假设并打造出价值主张并测试可行性后，现在你需要发展并使用自己的教练服务包。教练服务包指的是能为客户提供价值的一套教练服务。这个服务包里可以包含教练课程、教练产品以及其他服务。

整合教练服务意味着你可以高效利用自己作为教练的时间并提高工作效率。你可以按照小时收费制打造一套教练实践——后面会在讲解教练服务定价的工具中分析这种方法的利弊。如果你还想提供其他服务，你可以在相同原则的基础上开发一套通用的教练服务包，以此解决潜在客户的难题，帮助他们确定自己的选择并采取行动。

你可以在一个简单框架的基础上，与客户共同打造一个通用的教练服务包。举个例子，有时人们非常明确地知道自己想在什么事情上接受指导，但更多时候他们可能会设定相对宽泛的目标，比如改善个人领导风格。这意味着你无法有深度地准备一个教练服务包——你需要先和他们交流，然后深入了解他们对领导力的感受是什么。这意味着直到第一次教练课程，你才能确定每一次课程要解决的问题分别是什么。因此，第一次教练课程的内容就是明确课程目标，接下来的课程将按照这些目标进行。客户通常会进行五到六次的两小时课程，这个协作打造教练服务包的方法也能起到很好的作用。

作用是什么

教练服务包可以帮助潜在客户做出最适合自身需求的选择，还有助于让教练过程更有形。客户可以更轻松地评估教练课程价值，确定按小时支付费用的金额。然而你要注意，由于存在太多不同类型的教练服务包，有时很难直接对比成本。这就是你要对自己的收费充满信心的原因。

何时使用

你随时可以设计出一个教练服务包。比如，你可以以潜在客户试图解决的问题为基础，设计一个可以满足市场急迫需求的教练服务包。另外，你也可以在现有客户群体中发现一个可能创造出新的教练服务包的主题。

使用流程是什么

第一步是利用自己在研究中确定的问题区域，从客户角度绘制出路线图。

（1）客户在接受教练训练前的起点是什么？尽可能具体地阐述。他们说了什么？在想什么？有什么感受？在白板上使用便笺，（使用便笺意味着可以随时移动便笺）进行展示。在客户的转变之旅中确定核心连接点或互动点，即"接触点"。

（2）绘制出客户的路线图后，使用数据、观点和知识进一步细化，你也可以捕捉到：

- 想法；
- 感受；
- 情绪。

（3）你为客户的转变之旅绘制的路线图中应当包含假设。你可能需要在这一步为目标客户提供免费的教练课程，换取他们对你绘制的路线图的反馈意见，使用这些信息检测自己的假设是否合理。

第二步是思考所有可能的阶段性成果，或者对方为解决问题、应对挑战而需要采取的行动。

（1）头脑风暴，也要思考可能不包括在你的教练培训项目中的行动。比如，其他专业人士（金融、法律、营销人员）的建议。这些行动到底是什么由教练服务包的主题决定。这能帮助你拓展教练服务包的维度，也能帮助你描述教练服务包里包含什么、不包含什么。在这里使用便笺是个好主意，每个便笺上只写一个想法。这能帮助你调整行动之间的顺序。

（2）确定这些行动之间存在一个自然顺序。比如，这些行动是否互相依存？还是存在关键路径？

（3）确定这些行动是否存在自然分组。

（4）确定哪些行动不会被包含在你的教练课程中。

在第二步的最后，你应该对行动及分组进行排序。然后你可以决定如何帮助客户实现目标。

整理自己的所有笔记，打造自己的教练服务包。下面的案例展示的是一个以"自信"为目标的教练服务包，表 15-1 中列出了课程的具体内容。你可以加入属于自己的内容，也可以在通用或专门教练服务包中使用这些信息。

标题：告知潜在客户问题是什么，以及教练课程的价值是什么。

客户的挑战："难以……"，根据你的研究描述出具体问题。使用客户的语言去描述。

课程概览：

- 30 分钟的启动课程，了解合作目的，为开展课程奠定基础；
- 3 次 1 小时课程；
- 1 次 1 小时的反思及复核。

表 15-1　教练服务包主题

主题	方法	细节	系统
教练课程	• 面对面 • 在线 • 电话 • 团队 • 个人	• 时长——15、30、45、60、90 分钟等 • 频率——每月、每周、每两周 • 课程次数	• 在线视频会议 • 有密码保护的链接 • 录音
支持材料	• 可下载资源 • 调查问卷 • 作业 • 在线资源链接	• 需要系统 • 任何限制，比如客户接触资源的时间有多长	

启动课程：

- 确定教练受训关系，探讨目标；
- 明确如何衡量教练课程的价值；
- 共同打造课程。

课程 1（1 小时）：打造你的……（小目标 1——案例：信心地图）。

- 课程目标。案例：放弃"谨小慎微"，了解自己能够做出什么贡献，重新获得力量并增强自我意识，最终接受自己和自己的成就。
- 需要努力的方面。案例：设计你的"信心地图"，做好共同启程的准备。
- 复核课程内容。

课程 2（1 小时）：发现你的……（小目标 2——案例：超能力）。

- 课程目标。案例：自我解放，成为最好的自己！
- 需要努力的方面。案例：探究最深层次的原因，为什么你会受到限制、破坏自己的成功，通过绘制路线图及自我发掘流程确定自己的超能力。
- 行动。案例：确定你的内心团队，以便在需要时随时获得支持。
- 复核课程内容。

课程 3（1 小时）：如何……（案例：设置走出自身舒适区的目标）。

- 课程目标。案例：在推销自己、让自己做出的重要贡献得到认可的问题上投入更多精力，更有热情地做这件事。
- 需要努力的方面。发现并清除与你如何才能增加价值有关的制约信念，以此确定你的个人能力。
- 复核课程内容。

反思及复核（1 小时）：

- 确立意识：反思顿悟时刻和确立涌现出的意识；
- 复核取得的进展；
- 确保自己走在正轨上。

小提示

表 15-2 显示的是一个教练服务包模板，我们将所有信息整合在一起，组成了网页，见图 15-1 和图 15-2。这里的模板是一个混合型服务包，属于"为你做的"式的

产品；其中一部分是教练方法，另一部分是教练服务，比如"更新的个人简历"就需要教练制作。在这个服务包里，教练需要提供两种不同的服务：教练式指导和建议。

所需时间

一次 1 小时，以这种小段时间方式进行，在日程中做好安排。这是一个迭代流程，随着你面对潜在客户测试自己的服务包而不断更新。因此，总的来说，我们一般需要 2 小时设计一个原始服务包。给每个人留出 20 ～ 30 分钟，用以收集反馈意见。你大概至少需要和 4 到 5 个人交流，才能获得具有代表性的意见。测试原始服务包后，你需要 1.5 ～ 2 小时对服务包进行升级。

打造服务包的次数越多，完成的速度也会越快。你对潜在客户的问题与渴望的结果了解得越清楚，重新设计服务包的时间也就越少。

表 15-2　客户的转变之旅

	之前——参加你的教练课程前，面对挑战或问题他们的态度是什么	之后——参加你的教练课程后他们的态度会发生怎样的改变
描述他们希望解决的挑战或问题		
他们怎么看待这个挑战或问题		
这个挑战或问题如何影响他们的感受		
他们如何讲述这个挑战或问题		
他们对这个挑战或问题做了什么		

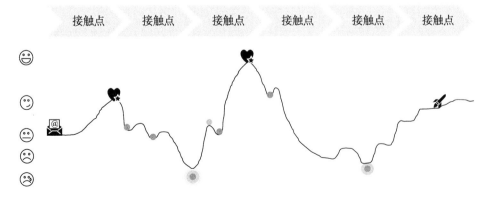

图 15-1　想法、感受、情绪

清爽职业生涯

"让我们帮助你改变对工作经历及成就的看法，好让你找到
真正适合自己的工作……"

图 15-2　教练服务包案例

工具 3：为教练服务定价

这是什么

2016 年的"全球教练研究"显示，全球约有 53 300 名教练，一年可以创造约 23.56 亿英镑的营业收入。写作本书的过程中，2019 年的报告正在制作，相关数字有可能继续增加。

我们从这个统计数据上关注到的第一点，就是教练服务可以带来收益。第二，全球超过 5 万名教练的服务定价范围相差很大。

你如何为自己的服务定价，这取决于：

- 目标客户是谁；
- 你确定的潜在客户问题的严重程度；
- 你对自己服务认定的价值。

你认为自己服务的价值较高，你就拥有较大的灵活度，设置较高的价格。

因此，为自己的教练服务定价既是艺术，也是科学。"定价"这个词本身也很重要——价格是你提供教练服务的成本，以及客户愿意购买这些服务的成本。价格因为前面提到的三个因素而各不相同。

"价格"这个主题是大多数开启教练生涯的人都会面对的挑战之一。如果定价过低，你很快就会耗光资金，而且会产生不被重视的感觉。如果定价过高，你可能无法赢得足够多的客户，难以维持经营。因此，你可能需要思考审核定价情况的频率。

另一个经常出现的主题是你是否应当提供免费课程——即是否采用"先试再买"法。尽管在学习、获得教练资格时这个方法可能很有效，但根据经验，这种方法很快就会让你产生不被人重视的感觉。

但客户确实希望你开展确定你们之间是否产生化学反应的课程，好让他们确定你是否适合他们，但这样的课程应当限于试验课程。

定价问题既与内在价值有关，也与硬通货有关。如果你想在客户正式购买前提供免费课程，你需要确定免费课程能够换回什么价值，同时严格限制这种课程的时长。比如，这是测试教练服务包的好办法——你可以提供免费的教练课程，换取对方对你正在设计的教练服务包的反馈意见。

重新查看价值主张工具，确定你在免费课程中准备提供什么价值，以及你希望获得什么价值。俗话说，每个人都有价值，只是不一定是金钱形式。有些人会使用"让人放心的昂贵"这种说法来形容价值——重要的是客户眼中的价值是什么。

作用是什么

如果刚刚开始教练工作，有时候制定价格会让你很痛苦。如果你已经做了一段时间的教练，那可能你已经形成了一套为自身服务定价的方法。把这个工具设计为入门版，就是为了帮助你在确定价格时思考一些因素，同时提醒你在复核定价策略时考虑某些因素。

何时使用

你的整体定价策略通常会维持一段时间。一般来说，定价策略按年调整，或者根据市场波动性高频地更新价格。不管怎么说，关注市场趋势和经济总体趋势对考察自己的定价策略、契合现实发展都很重要。

使用流程是什么

开始时保持简单状态。如果想让客户多一些选择，你最多可以向他们提供三个教练服务包。另外，你也可以只提供一个教练服务包，用来在目标市场中进行测试。

确定基本元素——成本

- 首先，确定你的市场策略。市场策略决定了你的定价策略。清楚地知道自己想在市场上取得什么成果，能够帮助你确定自己的定价策略。
- 比如，你想提供什么不一样的东西吗？是想在某个特定的市场里站稳脚跟？还是想和提供同一种服务的其他教练竞争（重要的是，如果存在竞争，意味着现实中存在感兴趣的客户）？
- 写下自己的一年营收目标（或者季度目标）。
- 写下一年或一季度中自己希望从事教练工作的时间。
- 写下每天自己希望进行教练工作的时间（你在一天内大概不想进行超过4次的教练课程）。
- 现在，你有确定价格策略的基本元素。
- 计算你的名义时薪。比如，如果你的年度营收目标是 10 万英镑，你希望自己在一年中的 100 天工作，那么你每天的收入是 1000 英镑。如果每天平均工作 7.5 小时，你的名义时薪就是 133.33 英镑。
- 计算为客户提供整套教练服务包服务所需的时间。
- 计算与提供整套教练服务包服务有关的其他成本。

- 利用名义时薪计算提供教练服务包服务所需的成本。比如，如果你需要
  9 小时完成教练服务包的服务，按照之前计算的名义时薪，一个教练服
  务包的费用是 1199.97 英镑。

- 在上面的数字中加入与提供教练服务包服务有关的其他成本，就能得到
  整体成本。比如，如果在 1199.97 英镑的基础上再加 500 英镑，提供教
  练服务包的总成本就是 1699.97 英镑。

现在，你拥有了为自己的教练服务定价的基本元素。为了实现年度营收目标和
从事教练工作的时间目标，假设你能获得足够的收入，你至少需要按照你的名义时
薪收费。

接下来，你要确定自己需要卖出多少份服务，或者获得多少客户，才能实现年
度营收目标。表 15-3 以简单的形式对此进行了展示。

表 15-3　计算销售数量

营收目标	总成本	营收 ÷ 总成本
假设为 10 万英镑	1699.97 英镑	100 000 ÷ 1699.97=58.8

每年需要获得的客户数量	可能的转化率	所需客户数量 × 转化率
58.8	1 ∶ 5	58.8 × 5

- 用营收目标除以总成本，即 100 000 ÷ 1699.97=58.8，这意味着你每年需
  要获得 58.8 个客户才能实现营收目标。

- 估算你需要接触多少潜在客户，才能实现足够的转化。比如，假设你在
  早期可以从 5 个潜在客户中转化出 1 个真实客户。你可以用这个数字计
  算潜在客户池：58.8 × 5=294，也就是说，294 个有兴趣的潜在客户可以
  让你实现转化目标。我们称这些人为"合格的潜在客户"。

- 为了得到"合格的潜在客户"，你需要更多的目标客户。为了简化，再
  次使用 1:5 这个转化率，5 × 294=1470，即 1470 个"不合格的潜在客
  户"。这些人可能对你的教练课程感兴趣，但尚未被说服。想让他们进
  入转化阶段，你可能需要几个接触点，比如发送新闻邮件、博客、短信
  或发布社交媒体帖子等。在如今快节奏的社交媒体环境中，接触点的数
  量为两位数才足够。

现在你知道赢得客户大概需要多少时间了。还需要确定你在业务开发和推销上
花费多少时间。这些时间无法收费，但你可以将这些成本计入其他成本中。我们称

这些为"销售成本"或"获客成本"。

为教练服务包定价

以下是关于营销策略的提问。

（1）你能在多大程度上清楚地向客户介绍自己教练服务包的优点与价值？是否有其他已经试用过并且得到良好结果的人提供证据？你能收取的价格，应该等于客户眼中的价值。

（2）如果你的价格和其他市场上现有的、提供相似服务的教练竞争，你的价格对比下来如何？

（3）如果你要进入一个新的市场，你掌握什么证据和数据，可以证明客户愿意付费接受培训？

（4）你的教练服务包是否给人奢侈的感觉？你是否使用了最新的技术、工具或其他让人觉得你的服务具有稀缺价值的东西？比如，你可以使用线上会员申请系统。

（5）你想用数额不高的入门定价测试市场反应吗？以考察人们是否愿意购买。

你的价格将由上述问题的答案决定。从本质上说，价格越高，客户数量越少，而你需要的潜在客户数量也就越少。价格越低，客户数量越多，你需要的潜在客户数量也就越多。

确定价格时，你还要考虑支出问题。这些费用一般不包含在服务包价格之中。举个例子，如果需要长途旅行才能见到客户，你可以收取旅行费；为见面租用房间，这项费用也可以额外计算。如果在咖啡店见面（不推荐这种做法，但有时不可避免），由你支付咖啡费用，也可以将这项费用计算在内。

表15-4可以用于帮助你思考如何为自己的教练服务包定价。

小提示

- 定价是一个主观情绪型话题，因为这要求我们思考自己与金钱的关系。注意自己是否存在可能影响定价策略的制约信念。比如，如果你从小听着"金钱是万恶之源"这样的话长大，你可能对价格的上限存在负面想法。本书与制约信念有关的工具也许能帮助你在自己的潜意识中找到一些障碍，正是这些障碍阻止你为产品定价，让你无法从自己做出的贡献中感受到价值。

- 谈论价格问题时，仔细倾听潜在客户说的话。你是否提供了非常优秀的价值，但收费很低？如果是这种情况，你的潜在客户可能觉得你美好得不真实（他们可能认可"让人放心的昂贵"）。换句话说，如果收费太低，你就可能不优秀。当你提到自己的服务价格时，潜在客户是否认为太贵了？你针对的是正确的客户群吗？你的定价是不是过高了？

- 注意打折的问题——思考如何重新打包服务，好让潜在客户获得价值的同时让你自己赚取利润。

- 打造出能在潜在客户那里测试的教练服务包，以便了解潜在客户对定价的接受程度。向对方提问：你愿意为（某个结果）支付多少钱？接下来再问：你做好进行下一步的准备了吗？要求对方提供反馈意见，通过收集数据让自己了解什么服务有销量及其背后的原因。

表 15-4　教练服务包定价工作表

需要思考的问题	案例	你的回答
你的营销策略是什么？	你想提供不一样的东西吗？还是想在某个特定市场中站稳脚跟？或者想与提供相同服务的其他教练竞争（如果存在竞争，意味着市场上存在感兴趣的客户）	
成本计算器		
营收目标	年度营收 季度营收	
一年中希望进行教练工作的时间	1 年中的 100 天	
每天希望进行教练工作的时间	7.5 小时	
名义时薪	举个例子，如果你的年度营收目标是 10 万英镑，你希望工作 100 天，那么名义日薪就是 1000 英镑 如果每天的工作时间为 7.5 小时，那么你的名义时薪就是 133.33 英镑	
完成一个教练服务包需要多长时间	准备——1 小时 设置——1 小时 练习——6 小时 追踪——1 小时	
与提供教练服务有关的其他成本包括什么	技术成本 材料成本 固定成本：办公室租金等	
提供教练服务的总成本——A 为时薪，B 为其他成本	A. 9 小时提供全套教练服务包 B. 其他成本	

（续表）

需要思考的问题	案例	你的回答
销售与营销努力		
每年需要获得多少客户，才能实现营收目标？营收目标除以总成本后是多少？	100 000÷1699.97=58.8，每年需要获得58.8个客户才能实现营收目标	
你需要和多少潜在客户交流，才能获得上述数量的客户？	比如，假设早期你能实现5∶1的转化率。使用这个数字计算潜在客户池：58.8×5=294，即294个感兴趣的潜在客户。这些就是合格的潜在客户	
为了获得足够多的潜在客户，你需要拥有多少感兴趣的客户？	为了简化，再次使用5∶1这个比率。5×294=1470，即1470个不合格的潜在客户。这些人可能对你的教练服务有兴趣，但尚未被说服。想让他们进入转化阶段，你可能需要几个接触点，比如发送新闻邮件、博客、短信或发布社交媒体帖子等。在如今快节奏的社交媒体环境中，接触点的数量为两位数才足够	
为自己的教练服务包定价		
你能在多大程度上清楚地向客户介绍自己教练服务包的优点与价值？你能收取的价格，应当等于客户眼中的价值	是否有其他已经试用过并且得到良好结果的人提供证据？你从其他人处得到了什么样的反馈意见？	
你的价格对比情况如何？	如果你的价格要与市场中其他提供类似服务的竞争者对比，你的目标价格是更高还是更低？	
如果你要进入一个新的市场，你掌握什么证据和数据，可以证明客户愿意付费接受培训？		
你的教练服务包是否给人奢侈的感觉？	你是否使用了最新的技术、工具或其他让人觉得你的服务具有稀缺价值的东西？	
你想用数额不高的入门定价测试市场反应吗？	第一个月使用入门价格，之后恢复正常价格	
这个教练服务包的价格是多少？	新市场中这个教练服务包的目标价格是2450英镑	

- 在个人网站上为自己的教练服务包设置一个销售页面，邀请人们表明自己的兴趣，或者邀请他们购买服务。在自己的社交媒体上和新闻页面上添加这个销售页面的链接，以便带来更多流量。这是投入全部资金、精力前测试外界对某个服务包兴趣程度的一个好办法。

- 考虑是否在个人网站上公布定价信息。这是教练会经常面对的问题。你可以在网站上设置一个按键，链接到自己的日程安排，好让感兴趣的人能够直接与你交流。你也可以在页面上显示信息，让人们点击购买相应服务。教练提供的是个人服务，人们通常希望在投资自己可能无法立刻理解的事物前先做交流。如果你为自己的服务确定了价格，为客户提供面对面交流的选择总是好事。你也可以用两个网页测试两种选择（交流或不交流）能吸引的客户数量，这种方法一般被称为对比测试。按照这种方法，有些人会被引导至"现在购买"页面，另一些人会被引导至"联系我"页面。你可以追踪哪个页面能够吸引更多客户。

所需时间

这是打造可持续、可营利教练实践的关键工具，所以付出的时间越多，效果越好。一开始，经过一～两个小时的深入思考，你就能在纸上写出自己的想法，随后再进行多次复核。

工具 4：管理业务流程

这是什么

对于一些刚刚获得资质的新教练来说，他们在心态上的一个重要转变，就是如何将一件自己热爱的事变为可以带来收入的事。我们已经在这一章里的其他工具部分分析了流程的部分基本构成，现在我们要做的，就是如何把所有元素整合进一个流程。

确立自己的教练实践时，你可能需要设置一些关键元素，比如如何寻找新客户、如何与这些客户互动与合作，以及如何维持人际关系。简而言之，这就是你的业务流程。你需要进行这些活动才能开展业务，这些活动的走向如何，即发展方向如何，决定了你的业务进展情况。

站在制高点观察自己的教练实践，你可以确定其他隐藏在背后的重要因素或步骤。

管理业务流程的终点，就是调整能够帮助你从教练工作中获取收入的关键因素。随着时间的推移，你的业务流程将变得具有可重复性，如果你愿意，你甚至可以自动进行一部分业务流程，或者外包某些流程。这能为你省出更多时间，让你去做其他能够增加价值的事情。

作用是什么

通过确定如何引导客户参加教练课程，以及如何维持与客户的关系好让他们购买更多服务，这个工具能帮助你打造一个可持续的实践工作流程。我们也希望这个工具能帮助你获得大量可做参考的客户，为你的推销和销售活动提供支持。

何时使用

确立教练实践活动时，明确核心业务流程可以帮助你明确如何与客户合作。与潜在客户交流时，这个工具可以帮助你确定期望值，也能让你在课程进行期间有条理地开展教练工作。

流程总是在不断发展进化，所以建议你定期审查自己的业务流程，确保这个流程能让你获得理想的结果。随着教练活动的不断发展，你可能对流程做出改变，以反映自身实际操作中的变化。

这个工具就是我们所说的经久不衰的工具——业务流程不存在定型一说。比如，你的教练服务包出现了一个改变，可能意味着教练服务条款、客户引导流程或者你使用的支持系统发生改变。

使用流程是什么

（1）确定核心的教练活动，这些是你进行教练实践所需的核心活动。你的选择最多不超过六个。这里选择了四个高水平的活动作为案例：

A. 寻找客户；

B. 与客户互动；

C. 指导客户；

D. 留住客户。

以上每个活动在表面之下都存在支撑各自发展进行的流程。每个活动使用同一种颜色的便笺，用这种方式打造分别适用于上述高水平活动的流程。

（2）使用不同颜色的便笺，确定自己需要什么支持性流程。建议如下：

A. 为客户开具发票；

B. 与客户沟通；

C. 开发办公系统；

D. 法务与财务方面。

（3）使用不同颜色的便笺，确定自己的日常操作。建议如下：

A. 设计实践目标；

B. 确定预算；

C. 关注个人发展。

（4）确定了高水平的活动、支持性流程和日常操作后，你可以在进入下一个层次后继续采用这种做法。这里提供了一个简单案例，帮助你从大局出发管理自己的业务流程，见图 15-3。

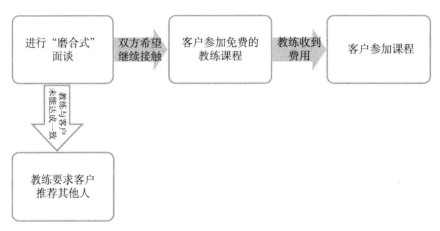

你可以按照上述方式进行，构建一个流程树，显示不同流程之间的联系。尽可能保持简单。使用便笺，以便随时移动。

确定了各个活动流程后，你就能意识到哪些活动可以自动进行，哪些可以进一步简化。

图 15-3　与客户互动

你可以发送一封邮件，介绍"磨合式"面谈，或者制作一段 2 分钟的短视频介绍自己和课程流程。很多智能手机都有非常好用的视频功能，采用视频方式也能让你和客户在见面前多提供一些具有个人特点的信息。

下面是一个"磨合式"面谈的简单案例。

第一步：收集核心信息

● 他们是谁——从职业角度和个人角度分析。

- 他们的背景是什么。
- 教练或者教练服务包吸引他们的是什么？
- 他们现在面对的与你们讨论的主题 / 教练服务包有关的挑战是什么？
- 他们对教练课程有什么期待？
- 过去他们接受过教练的培训吗？
- 在这段时间里他们希望重点关注哪个问题 / 挑战？

第二步：探讨主题

- 你可以使用"确立教练受训关系"一章中的教练简报表工具。
- 了解他们对这个主题的投入程度——他们愿意付出多少时间，还有什么其他需要优先处理的事情，这个主题为什么对他们很重要。

第三步：接受教练培训

- 讨论教练培训的流程——你可以使用本书第一部分中的教练流程工作帮助他们了解其中的重要步骤。
- 使用教练服务包——打印出教练服务包内容，让他们在你讲解的过程中可以阅读。
- 了解他们的意见。

A. 你觉得我们的对话中有什么是有用的？

B. 你希望让这段关系继续下去吗？

C. 你最感兴趣的教练服务包是什么？

D. 你对这个教练服务包最感兴趣的是什么？

E. 你希望何时开始培训？

你也可以使用"确立教练受训关系"一章中的订立教练合同工具。

小提示

- 在便笺上写下关键流程，这比打印出来更简单。如果愿意，你可以把便笺贴在纸板上。记住，确定最终版本后应当使用图钉把便笺钉好，以防掉下来打乱顺序。
- 对整体流程感到满意后，你可以使用 Visio 或类似软件进行记录。这是一项非常消耗时间的活动，但如果思考一下未来可能将哪些支持性活动外包给其他人，付出的这些时间都是值得的。

所需时间

至少留出 2 小时设计最初版本的流程。你可以拆分成 30 分钟这样的小段时间，你可以先解决重要问题，随后再解决支持性和管理性活动涉及的问题。

随着不断练习，你会开发出新的流程，也会对现有流程做出调整。因此，这个工具并非只能使用一次。你需要设计流程去审核、去改进。随着科技不断发展，很多可重复的流程也能实现自动化，你能因此节省时间，客户与你的合作也会变得更简单。

工具 5：提供教练服务的系统

这是什么

刚开始做教练时，你可能只拥有有限的资金，无法投资使用最新的系统。很多年前，在一次面向教练的推销会上，我了解到了一个非常好用的客户关系管理系统，这个系统可以帮助你管理、追踪现有客户，可以与潜在客户互动，还能做很多其他事情。可问题在于，这个系统的价格太高了——这个系统的价格超过我做教练第一年的全部收入的一半。

如果你离开企业开始从事教练工作，有多少东西需要你亲手设置并维持——这个数字可能多到让你震惊。就连制作网页这种简单的事情，也是一件需要长期进行且需要付出成本的工作。

这个工具提到的一些线上系统，都经过我们的测试，不仅效果很好，而且性价比高。你不需要使用最新版的软件去管理客户关系，也不需要网页设计得好看的网站。起步阶段，功能比形式更重要。随着个人及教练节能的不断发展，这时你可以决定哪些系统更适合自己，也可以随着教练工作不断发展自行决定是否升级并扩大系统规模。

这个工具应当与管理业务流程的工具配合使用。

作用是什么

这个工具可用于：

- 开发系统，以便为客户提供服务；
- 帮助你为多个客户提供教练服务；
- 自动进行一些关键任务，与客户保持联系。

何时使用

这个工具可以帮助你在起步阶段做好教练工作中不同环节的管理工作，也能帮助你了解如何不断发展。可供你使用的系统及软件有很多，你可以在此基础上井井有条地工作，高效地使用时间。根据自身经历可以为这个工具选择三个系统。在此之前，你要明确自己的目标，你需要设想自己的教练业务未来会有怎样的发展。

我们鼓励各位读者充分发挥聪明才智，在把辛苦挣来的钱用在可能不适合自己的系统前，先想办法开发属于自己的低成本系统。

使用流程是什么

第一步：知道自己的起点

- 一年后，你预计自己是什么状态？三年后呢？这能帮助你确定什么工具可以帮助你扩大、发展现有业务。
- 查看你打造的客户路线图，观察打造出教练服务包的工具。
- 你能看到重合部分吗？
- 哪些步骤重复出现？
- 你经常使用的工具是什么？
- 你的流程是什么？

第二步：确定进行教练业务的三个核心流程

以下是建议：

- 管理自己的工作量；
- 提供教练服务；
- 宣传并推销自己的教练服务。

第三步：确定能够帮助你进行教练业务的免费/低成本应用软件

表 15-5 是例子。

表 15-5　流程中可使用的软件

流程	可使用的软件
管理自己的工作量	Asana，Trello
提供教练服务	Google Drive，Google Calendar，Zoom，Canva，Designrr，Timetrade，Hubspot，Thinkific
宣传并推销自己的教练服务	Hubspot，Hootsuite，Insightly

第四步：确定每一个应用软件的关键作用

表 15-6 是例子。

表 15-6　应用软件的作用

应用软件	作用
Asana	创建项目、管理工作中的任务、追踪客户进展
Google Drive	展示内容、与客户分享
Hubspot	创建客户数据库，安排日程，追踪邮件、销售进程，创建模板

将表 15-5 和表 15-6 中的信息整合为一张工作表，见表 15-7。

表 15-7　工作表：让系统为自己所用

流程	应用软件	目标	关键人物

第五步：决定核心流程分别选择什么应用软件
第六步：在每个系统中设置自己的流程

Hubspot 和 Asana 里设置了可以修改并使用的现成案例。Google Drive 是简单的文件夹系统，你可以在里面创建共享文件夹，向客户分享内容。

保存与客户有关的数据时，你需要注意相关的法律规定。比如欧洲就存在《通用数据保护条例》（GDPR）。你需要经常检查自己需要保留的记录，也要考察自己的行为是否符合法律规定。

下面是一些案例。

Asana：使用预设的基本模板进行调整，以满足自己的要求。如果你已经设计好了客户引导流程，以下是一些可供你采用的行动建议：

- 将发票交给客户；
- 送出一份欢迎礼包；
- 课程开始前追踪客户情况；
- 安排教练课程日程；
- 安排每周的课程进度检查邮件；
- 制作进度检查邮件。

Google Drive：为每一个教练服务包设置一个客户通用文件夹，在这个文件夹中保留所有支持教练受训流程的相关文件：

- 问卷调查表；
- 资源；
- 小提示；
- 视频。

为每个客户创建一个专用文件夹，存放私人保密信息：

- 教练课程记录；
- 双方签署的教练受训协议；
- 其他保密信息。

Hubspot：将现有联系方式导入数据库并分类：

- 现有客户；
- 历史客户；
- 潜在客户；
- 联系方式。

你可以创建一个日历，并在邮件或社交媒体上设置超链接，让客户可以自动与你预约课程时间。设置超链接时，你需要确定自己的哪些时间可以用来进行教练课程。

你可以追踪、了解对方是否阅读了你的邮件。

关注推销流程，了解转化率。这样一来，你就能掌握准确的数据，了解自己究竟将多少潜在客户转为了真实客户。

第七步：审核自己对系统的使用

每个教练都应审核系统在教练业务发展过程中的使用程度。更新、改变任何没有作用的系统，几个月后，你就能得到足够多的信息，知道什么系统最适合自己。

小提示

- 如果面对不同类型的客户，你需要绘制出不同的客户路线图，寻找其中的重合之处。
- 监控自己使用系统的频率和使用方式。如果系统在几个月里没有起到作用，你需要找出背后的原因。提前抽时间思考如何使用系统能为你带来收益并思考如何使成本最低。比如，如果你有几百个联系人，而且意识到现在系统不起作用，将这些联系人移动至新系统也需要付出时间成本。
- 开始时要保持简单。绘制出流程图能帮助你在选择系统时少犯一些错误。
- 随着教练工作的不断进行，合理的做法是选择付费版的应用软件。不过在进行这一步前，你需要回到定价策略，了解购买付费软件对教练服务价格的影响。

所需时间

全面认真地使用这些工具，你需要反复使用多次，可能需要几个小时才能完成。提前计划可以避免犯下代价高昂的错误。你在这个工具上花费时间，能让你在未来消耗时间的重复性工作上节省很多时间。而这反过来意味着你和客户相处的时间更多，也能有更多时间做能够增加教练工作价值的事情。

工具 6：指导自己——教练的自我反思指南

这是什么

内省、渴望更好地理解自己，这是人类天性。这是人类与地球上其他物种的关键区别之一。早在公元前 5 世纪时，古希腊哲学家苏格拉底就曾提出，每个人应该"认识你自己"。

培养了解自身无意识思维的能力，通常是自我反思的起点。作为人的管理者（同时作为教练），将自我反思看作自身持久学习的重要组成部分，这是成功的关键。自我反思能让你从全新角度了解自己，也能使你更理解他人。

> 最简单的反思，指的是谨慎的思考。但对领导者具有价值的反思，却不只是这么简单。最有用的反思需要有意识的思考并分析，也需要为学习而行动。反思让大脑可以在混乱中暂停，在观察到的现象与经历中抽丝剥茧，考虑多种可能的解读，进而创造意义。这个意义随后转变为学习，进而影响未来的思维和行动。对领导者来说，这个"创造意义"的过程对他们的成长与发展至关重要。
>
> 詹妮弗·伯特，《即便痛恨，为什么你要留出时间自我反思》

作用是什么

这个工具可以让你的自我反思更有框架性，能让你获得一些有用的自我反思空间。这个工具包含自我指导过程中不同类型的自我反思案例，比如反思性写作、讲述故事、反思性诗歌以及绘画。

从本质上看，高效的自我反思是一种内心愿意放开自我的意愿。这样的开放性创造出了一种空间，可以让信息浮现出来。这样的信息可能是文字，可能是图像或者情绪——重要的是，你要成为自己的老师，成为自己的监督者。在《被压迫者的教育学》（*Pedagogy of the Oppressed*）一书中，保罗·弗莱雷（Paulo Freire）提醒人们，没有行动的反思就是空谈，就是纸上谈兵，而没有反思的行动则是纯粹的行动主义，或者为了行动而行动。

因此，自我反思需要包含行动倡议。每个人都有最适合自己的特别的自我反思方法。这个工具可以帮助你突破自身局限，尝试可能让你感到不舒服的方法，但又能让你抱有合理程度的怀疑，从而确保自己能够实现平衡。

何时使用

你随时可以进行自我反思，既可以每天晚上睡觉前抽出几分钟，也可以进行更有深度的反思。

贾达·迪·斯特凡诺（Giada Di Stefano）、弗朗西丝卡·吉诺（Francesca Gino）、加里·皮萨诺（Gary Pisano）和布拉德利·斯塔茨（Bradley Staats）进行的研究显示，如果员工在每天工作结束后能花 15 分钟时间反思自己学到的经验，他们在 10 天后的工作表现就会出现 23% 的提高。因此，你自然应该在每天结束时梳理自己一天的情绪与经历，而不是停留于负面事件，这样才能以更积极的状态开始第二天的生活。

使用流程是什么

以下是我们从众多选择中提取出的案例，读者可以自行尝试并评估效果。

反思性写作

反思性写作可以表现为很多形式，能让你在不受有条件或本能的情绪性反应的影响下，客观地审视自己的经历。写作活动本质上是一种分析活动，这个活动要求我们从获得的全新信息出发描述一个时间、自己的思维活动及感受，在此基础上写出自己会采取什么不一样的做法。

讲述故事

我见证过讲述故事的威力，也经常看到故事中利用隐喻引发人们觉醒、引导人们经历变革性改变的情况。讲述故事可以鼓励人们自我表露，为在特定文化环境中出生、通常封闭自身情绪的人群创造一个更能分享自己想法与感受的空间。讲述故事时使用隐喻，能让我们描绘出自己在无意识状态下对自我的评价，也能展现出我们对自己的偏见和预定假设。讲述故事也可以适用于我们所在或合作的企业、朋友、家人和同事身上。从宏观角度看，我们在故事中可以加入自己生活的社会与社区。"公共叙事"是一种强大的故事讲述技巧。这个方法鼓励你讲述自己亲身经历的、能在某个主题上激励自己的故事，这个故事又能与你的职业生涯或其他个人生活产生联系。这个方法虽然经常在与团队合作时使用，但也是自我反思的一个极好用的工具。

通过讲述故事，讲述者实际上将故事中发生的事作为个人经历、经验传达给了其他人。我们可以重新分析这些故事，以便从新的角度去理解对方。

反思性诗歌

我发现，写作反思性诗歌能让我与自己的无意识思维连接在一起，其他写作方式却无法获得这种效果。我发现，自己在意识的自然流动中提笔写作，尽量不去完善文字和诗歌的形式。意识的自然流动让我对自己和教练工作有了新的认识，这样的流动充满对抗性，但我不对其做任何价值评判。用大卫·约翰斯（David Johns）的话说，写诗是"绕过认知领域"，调动右半边大脑，从而释放我们更深层次的创意解读能力。

反思性绘画

在视觉艺术世界里，我们可以用日记的形式记录与反思问题及挑战有关的视觉语言并画出图像。这些图像可以是你的发明创造，也可以收集自周围的环境。

我们也可以用反思性绘画解决假设性的挑战或难题。涂鸦与抽象画也可用于表达思维和感受。这些方法都可以用于回顾过去、反思现实并设想未来。我用绘画的形式象征性地表达出阻碍自己思考的障碍，同时表达出自己理想中的未来形态。不需要成为优秀的艺术家，你也能从这个方法中获益。运用绘画进行反思的重要性及强大之处在于，你画出的图像讲述了一个对你有意义的故事。对一些人来说，用充满仪式感的方式毁掉一张画的行为，就是一种强化学习的行为。对另一些人来说，他们创作出来的画在他们的研究或工作中具有显著重要，那对他们是一种提醒，让他们知道自己走上了什么样的路、取得了什么样的进展。

小提示

- 我发现，一些让我觉得最不舒服的自我反思做法，却能给我带来最重大的转变意义。所以我建议，即使哪个方法让你感到不舒服，你也应该保持开放心态去接受。比如，当我进行批判性自我反思课程时，我会鼓励上课的人从自身经验中学习。当我建议使用反思性诗歌时，很多人会犹豫不决。他们说自己不会写诗。我的回应是，为批判性自我反思写诗的重点不是创作完美的诗歌，他们也不需要与他人分享。我要说的是，对于任何用来进行自我反思的方法，你有权利在使用方法时表现得不完美。

- 我需要反复强调，批判性自我反思的发展方向是获得新的自我意识，并且将学习转变为行动。这需要勇气和探索的渴望，以保持对自己的好奇心。如果你尝试的行动没有成功，这是正常的，也是一种新的学习经历。同样重要的是，你需要在取得了成功后进行自我反思。这种环境下自我反思的目的，是让大脑吸收新学到的信息，以便未来情况合适时再次进行能够获得成功的行动。

根据我的个人经验，很多时候我需要在对话进行时而不是事件结束后进行反思。大卫·舍恩（David Schön）在《反思性实践者》一书中称之为"行动中的反思"。

- 自我反思的目的在于从旁观者的视角看待自己的行为或话语。我经常在笔记本上草草记下文字或画出图画，以支持自己在行动中反思。这能培养随时应变能力，我也会在事件结束后继续反思。

所需时间

人们似乎普遍认为，一个人需要留出大量时间，在一个安静的环境中才能进行自我反思。何时、如何进行自我反思，每个人其实有不同的要求。不过我了解到的情况是：可以在任何环境中抽出几分钟时间进行自我反思。比如，我最有效的反思性诗歌就是坐火车时在手机上打出来的。我在指导客户时使用了一个创作诗歌的方法，就是将创作时间限制在 5 分钟，我也经常在反思性绘画上使用这个方法。何时、在哪里、如何进行反思，这完全取决于你自己。我鼓励读者进行不同尝试，寻找最适合自己的方法。

工具贡献者：马克·比森

马克·比森是国际认证教练（PCC），还是国际教练协会的教练监管人。他拥有应用教练专业的硕士学位，从 2000 年开始便担任教练，同时负责监督和培训工作。马克还是东伦敦大学、华威大学和耶稣学院批判性自我反思课程的客座讲师。他是《首先，自我培训：教练自我反思》以及帮助父母和看护人自我反思的《乔治：失去自信的猫》这两本书的作者。

工具 7：监管工具——反思、学习和实践过程中监管的重要意义

这是什么

监管是一项持续性的专业及个人发展活动，是专业教练学习之旅中必不可少的组成部分。国际教练协会将教练监管定义为"合作性的学习实践，通过有利于教练和客户的反思性对话，不断构建教练的能力"。国际教练协会表示："教练监管通过提供更丰富、更多的支持与发展机会，关注教练能力的发展提高。教练监管为教练创造了安全的环境，让他们可以分享成功与失败，以便越来越娴熟地与客户合作。"

监管人提供的外部支持可以帮助教练明确教练受训关系中显而易见和隐藏的各种问题。进行教练监管需要双方达成一致，其中还包含与教练的"谨慎义务"直接相关的明确道德约束，以此确保教练工作的不断完善、教练服务的质量保持稳定。教练可以在产生自我怀疑或不安全感时获得外部支持，监管人也可以向教练发出挑战，或者直接针对教练的个人问题进行质询。教练监管人有责任确保教练具有足够的能力，也需要确保教练的工作符合职业道德准则。

选择教练作为职业，意味着我有义务和责任在自己的人生中不断学习，这样才能持续地反思并提高自己的执业能力。我对客户及他们所在的机构负责，也对自己负责，我应当成为更好的自己。尽管在担任教练的过程中可以进行自我反思，但教练监管的作用与价值却在于，这是在一个安全的环境中向教练发出的挑战和支持。因此，我最认同、与我的理念最接近的教练监管的概念来源于霍金斯和肖赫特的定义，他们在《帮助他人的职业中的监管》（*Supervision in the Helping Professions*）中表示，监管"可能成为照顾他人的过程中非常重要的环节，对学习新知识保持开放心态，是帮助他人保持身心健康、不断自我发展、提高自我意识以及职业发展中不可或缺的一部分。"

我发现自己成为教练监管人的过程中，我总是在反思对自己讲述的过去的故事。我重新讲述这些过去的故事时，能够反映我在反思过程中产生的新想法。由此一来，我的内心变得更有满足感，我在教练监管实践中也变得更加谦逊。如今我认为，我自己过去的故事对我的教练实践产生了负面影响，因为我内心反复出现焦虑感；而这反过来也影响了我在面对客户时的工作表现。

简而言之，总结如下。

● 监管是一个正式的流程。

● 监管属于人际关系活动，既可以一对一，也可以按小组进行。

● 监管是在保密空间中反思与客户的合作。

● 监管有助于培养教练能力与信心。

作用是什么

教练是一个相对较新的职业，直到 2000 年前后，教练领域的知名作家才开始提倡教练监管工作，而这个工作起源于临床监管工作。这方面的具体内容可见迈尔斯·唐尼（Myles Downey）的《高效教练》与詹姆斯·弗莱厄蒂（James Flaherty）的《教练：唤醒他人的卓越内心》。

所谓监管，就是为教练和监管人提供一个安全和保密的空间，让双方合作探讨可能影响教练工作（及客户）的话题与感受，让被监管者获得新的意识与观念。监管可以让教练更有深度地观察自己的工作，探讨自己产生的矛盾情绪或与他人的紧张关系，也许还能让自己产生顿悟，意识到是什么阻止客户取得进展。监管的核心概念在于，教练可以不加评判地探讨自己的工作。教练在与企业合作时需要注意，他们合作的对象既是客户，也是客户所在的企业。

我对教练监管的定义是："一种支持教练深化他们作为教练的意识的行为，以便实现个人成长，更好地服务客户。"

监管可以提高教练与身处企业中的客户合作时的表现，这些教练以外聘教练的形式对客户进行指导。企业外聘监管人的好处在于，他们能够提供中立的视角，这让他们可以提出颠覆人们思维的问题。人脉丰富的监管人也能在与其他机构合作的基础上，为教练受训关系带去新的理念与活力。

何时使用

所有具有教练认证功能的机构，比如国际教练协会、教练联合会（Association for Coaching）等，均要求教练提供监管证明才能获得认证。我合作的一些机构也存在例外，我在这样的机构中会参与监管工作。按照我的经验，企业一般按照 1-2-1 的方式提供监管服务，或者选择团队监管服务，既可以面对面，也可以在网上进行。我也有自己的监管人，我会带着自己及客户的问题咨询他们。

监管是一种可以让人们获得发展的机会的行为，因此，不论认证机构或客户是否要求，教练都可以把监管当作个人能力培养的组成部分。

使用流程是什么

（1）为自己选择合适的监管人——你可能需要他人推荐，或者做一些研究，才能找到合适的人选。

（2）思考自己想从监管中获得什么。由于合作的客户不同，你对监管的期望也会发生改变。以下是一些需要考虑的问题：

- 与客户订立合同的难易程度；
- 你对客户的感受如何；
- 你对教练课程的内容有什么感受；
- 你对自己的教练技术有什么感受；
- 你对教练结果的满意程度如何；
- 你觉得客户对教练结果的满意程度如何；
- 你是否认为你们解决了真正的问题；
- 你与客户合作的信心程度；
- 与企业和教练任务是否存在矛盾，包括任何道德上的疑问；
- 管理人员在教练过程中的参与程度。

（3）与一个或多个监管人进行磨合式面谈。

（4）就会面频率和其他与课程有关的合同问题达成一致。

（5）课程结束后进行反思（参加前面的工具），好让自己为接下来的课程做好准备。

（6）做好准备，在课程开始时告诉监管人自己希望从课程中得到什么结果。

小提示

- 优秀的监管人能够帮助你改变思维方式，正是这种使用了多种工具让思维方式发生的改变，才能为你的教练工作带来真正的不同。随着教练行业日渐成熟，人们也开发出了几种监管模式。在我自己的监管实践中，我选择几种监管模式进行对比，以了解我自己在使用这些模式时的效率。我使用过"七眼"模式、CLEAR模式、全谱模式和代理人联盟监管模式（具体可参考我的《首先执教自己》、彼得·霍金斯和罗宾·肖赫特的《帮助他人的职业中的监管》，以及吉尔·施温克的《最大限度开发教练潜力》）。你可以了解自己的监管人偏爱哪种模式。

- 负责提供内容的是被监管人，所以你要将批判性自我反思当作教练工作的标准组成部分，以此最大限度地用好自己的时间。

- 在笔记上写下自己希望在监管课程中讨论的话题，通过批判性自我反思，在课程开始前思考自己能学到什么。

- 探讨使自己面对挑战的问题，探讨你认为自己需要改进的领域。

- 讲述能够表明自己优点的案例，讲述教练课程进展顺利的案例，以此强化学习，这同样重要。

- 如果你认为自己从监管课程中没有获得太多收益，你需要诚实地向监管人说出自己的感受，帮助他们了解你更需要什么。

- 如果为了获得认证而接受监管，你要注意做好课程记录，以便用于申请教练认证。

所需时间

一般来说，1-2-1式课程的时长为1个小时。但团队监管课程可能持续2个小时。

工具贡献者：马克·比森

致谢 ACKNOWLEDGEMENTS

我们要感谢所有为这一版内容做出贡献的教练。我们想感谢丽莎·格雷、戴安·赫伯特、黛比·米切尔、罗伯·巴雷特、布鲁斯·霍沃德、朱莉·斯坦菲尔德、凯特·伯顿、加尔·朗和马克·比森，感谢他们对这本书做出的贡献。此外，我们还要感谢杰森·利特尔分享他的 Lean Change 工具；感谢罗的同事及搭档夏洛特·马维，感谢她们共同创造出观点图，并且愿意在团队教练过程中进行尝试；我们还要感谢丽莎·伍德，是她激励罗创造出了教练宣言。

最重要的是，我们要特别感谢道恩·纽森，感谢她不知疲倦地对本书进行编辑——没有她，我们便无法完成这本书。

吉莉安与罗

版权声明